삶을 바꾸는 말하기

삶을 바꾸는 말하기

삶을 바꾸는 말하기

초판 인쇄 2013년 8월 23일
초판 발행 2013년 8월 30일

지은이 손춘섭 이윤애
펴낸이 이대현
편 집 권분옥

펴낸곳 도서출판 역락
주 소 서울시 서초구 반포4동 577-25 문창빌딩 2층
전 화 02-3409-2060(편집), 02-3409-2058(마케팅)
팩 스 02-3409-2059
등 록 1999년 4월 19일 제303-2002-000014호
이메일 youkrack@hanmail.net

정 가 12,000원
ISBN 978-89-5556-080-0 03700

이 도서의 국립중앙도서관 출판시도서목록(CIP)은 서지정보유통지원시스템 홈페이지(http://seoji.nl.go.kr)와 국가자료공동목록시스템(http://www.nl.go.kr/kolisnet)에서 이용하실 수 있습니다.(CIP제어번호: CIP2013015349)

삶을
바꾸는
말하기

손춘섭 · 이윤애

역락

　말하기 능력과 글쓰기 능력은 사람이 지식 정보화 사회를 사는 데 필요한 기본 소양이다. 모든 지식이나 정보를 생산하고 전달하고 이해하는 가장 기본적인 수단이 말과 글이기 때문이다. 지식과 정보가 말과 글이 아닌 그림이나 음악이나 무용 등 다른 매체에 의해서 표현되었다고 하더라도 최종적으로는 말이나 글로 해석되어야 한다. 이런 점에서 말이나 글은 모든 매체의 상위 범주이다. 따라서 다른 매체가 아무리 발달하더라도 말과 글을 대신할 수는 없다. 이러한 말과 글을 이용하여 좋은 지식과 정보를 생산하고 전달할 수 있는 능력이 바로 말하기 능력과 글쓰기 능력이다.

　그러나 말하기 능력과 글쓰기 능력에는 약간의 차이가 있다. 먼저 말하기는 일상적인 대화의 경우 교육을 거의 받지 않은 어린 아이들도 쉽게 할 수 있다. 하지만 사람은 성장하면서 일상생활에 필요한 말하기만이 아니라 회의나 토론이나 연설이나 강의 등 학습과 훈련을 거쳐야만 할 수 있는 말하기도 해야 한다. 또한 말하기는 몸짓이나 상황 등의 영향을 크게 받기 때문에 이러한 것들에 대해 이해하는 능력도 갖추고 있어야 한다. 반면 글쓰기는 말하기의 단점을 보완하기 위하여 글자를 이용하여 음성을 옮기는 행위이다. 글쓰기는 글자로 음성을 옮기기 때문에 처음부터 많은 왜곡이 생긴다. 이러한 왜곡을 보완하기 위하여 철저한 학습과 훈련을 통하여 자모, 단어, 문장, 단락 등을 글자로 적고 연결하는 특별한 방법들을 익혀야 한다. 요컨대, 말하기가 자연스러운 언어 습득에 의해서 시작되고 이후에 학습과 훈련으로 발달시키는 데 비해 글쓰기는 처음부터 학습과 훈련으로 시작해야 하는 것이다.

　말하기와 글쓰기의 이런 차이에 때문에 둘의 교육에도 차이가 생긴다. 글쓰기는 처음에는 글자와 말소리가 어떻게 대응하는가를 익히고, 점점 단어나 문장이나 단락을 적어서 어떻게 의미를 나타내는가를 공부해야 한다. 반면, 말하기는 처음에는 교육 없이 자연스러운 습득에 따른다. 그러다가 정식 교육을 받기 시작하면서부터는 목적에 알맞게 말하는 법, 대인 관계를 발전시키는 데 필요한 말하기 방법, 토의나 발표나 연설을 잘 하기 위한 말하기 방법 등을 체계적으로 배워야 한다. 또한 글쓰기의 교육 목적은 궁극적으로 좋은 글을 쓰게 하는 것이다. 그러나 말하기의 교육 목적은 단지 알맞은 내용의 말을 하게 하는 것만이 아니고, 바람직한 인간관계의 유지, 적절한 몸짓과 태도 갖기, 발표 능력의 향상, 토의나 토론에서의 의사 결정 능력 향상 등을 함께 이루도록 하는 것이다.

이 책은 현대사회를 살아가는 데 필요한, 삶을 변화시킬 수 있는 중요한 능력으로서 말하기 능력에 주목한다. 그동안 글쓰기 능력의 향상을 위한 교육용 책들은 매우 다양하게 만들어졌다. 그러나 삶을 바꾸는 말하기 능력의 향상에 필요한 책들은 선택의 폭이 넓지 않다. 특히 사회 진출을 앞둔 대학생들이 졸업 후에 취직을 하거나, 친구를 사귀고 결혼을 하거나, 회사에서 인정받기 위해 발표를 해야 하는 등의 문제를 해결하는 데 실제적인 도움이 되는 말하기 교재들의 선택에도 제한이 많았다. 이러한 현실에서 이 책은 대학생들이 졸업하고 직면하게 될 여러 가지 말하기 상황에 직접 도움이 되고자 하는 의도로 집필하였다. 아울러 지난 학기 대학생들의 글쓰기 능력의 향상을 돕기 위해 썼던 『삶을 바꾸는 글쓰기』에 대응하는 후속편으로 기획하였다. 대학에서 최소한 두 학기 동안 필수과목으로 글쓰기와 말하기 능력을 올바로 학습하고 훈련한 후에야 비로소 현대사회에 꼭 필요한 인재가 되는 기본 능력을 갖추게 될 것으로 생각하기 때문이다.

이 책의 내용은 본문을 총 10장으로 구성했고, 부록으로 한국어 '표준 발음법'을 두었다. 제1장에서는 말하기 능력과 삶의 관계에 대해서 중점적으로 생각해 보았고,

제2장부터 제10장에서는 '말하기의 유형 및 절차, 대화, 연설, 면접, 프레젠테이션, 토의, 회의, 토론, 표준 언어 예절'을 다루어 실제적인 말하기에 대해서 배우고 연습할 수 있도록 하였다. 이 책은 대학생들에 대한 강의를 염두에 두고 기획하였으므로 한 학기 동안에 각 장을 적절히 배분하여 공부하되, '3분 말하기, 5분 말하기, 대화 및 대화 분석, 면접 연습, 토의·토론 실습' 등 활발한 실습 활동을 병행하는 것이 가장 바람직할 것으로 판단한다.

이 책을 완성하는 데에는 많은 선배 학자들의 도움이 컸다. 말하기에 대한 지식을 개척하고 말하기 능력을 향상시키는 데 필요한 여러 가지 방법들을 개발하고 정립하신 선학들의 업적과 가르침이 없었다면 이 책은 그 실마리도 풀기 어려웠을 것이다. 이러한 선학들의 도움과 가르침에 깊은 감사의 말씀을 올린다. 그리고 『삶을 바꾸는 글쓰기』의 후속 작으로서 이 책의 기획 의도를 이해해 주시고 흔쾌히 출판을 허락하신 역락 출판사의 이대현 대표와 박태훈 선생님께 감사의 말씀을 드린다. 끝으로 방학 내내 책상머리만 지키느라고 함께 지내 주지 못했어도 불평 없이 참아준 가족들에게도 그 고마움을 잊지 못한다는 말씀을 전한다.

2013년 배롱나무 꽃 핀 한새봉 아래에서

저자 일동

차례

제5장 연설____115

제1장

삶을 바꾸는 말하기

01 │ 삶과 말하기

소크라테스는 말하기가 인간이 진리를 깨닫고 삶을 변화시키는 데 유용한 매체(산파)임을 보여 준 철학자이다. 문답으로 이루어지는 소크라테스의 말하기는 새로운 지식을 창조하기 위한 것이 아니라 원래 알고 있던 것을 드러내기 위한 것이다. 소크라테스는 말하기로 인간의 영혼을 일깨우고 진리에 이를 수 있다고 본 것이다. 따라서 소크라테스에게 말하기는 화자와 청자 사이에서 일어나는 개방적인 의사소통이며, 인간의 내면에 감춰진 근본 지식을 상기(想起)하게 하는 산파이다. 요컨대, 소크라테스는 말하기를 통해 무지로부터 앎에로 나아갈 수 있으며, 일방적인 가르침으로써가 아닌 상호 의견 교환으로 충돌하는 견해들을 조정하고, 진리를 깨달아 삶을 바꿀 수 있다고 보았다. 소크라테스의 이러한 가르침은 오늘날 학생들의 삶을 바꿀 교육 방법론으로도 쓰이고 있다.

2011년 3월 개봉한 톰 후퍼 감독의 '왕의 연설(The King's Speech)'이라는 영화가 있다. 이 영화의 주요 내용은 '말더듬이 왕의 연설 성공기'이다. 영화는 1925년 영국 왕 조지 5세의 아들로서 심한 말더듬이인 알버트가 런던에서 열린 대영제국 박람회 개막식에서 전국에 라디오로 중계되는 연설을 제대로 하려고 매우 애를 쓰지만 치욕적으로 실패하는 장면으로 시작한다. 조지 5세가 죽자 알버트의 형인 에드워드가 왕위를 승계하나 국정에는 관심이 없고 사교에 빠져 왕위를 포기하면서 알버트가 대신 조지 6세로 왕이 된다. 그런데 라디오와 뉴스 필름이 막 발전하던 때라, 왕인 알버트는 자신이 언어 장애라는 사실뿐만 아니라 모든 말과 행동이 매체를 통해 전 국민에게 삽시간에 전파되기 때문에 항상 큰 고민에 빠져 있었다. 하지만 끝내 부인 엘리자베스와 언어 치료사 라이어넬 로그와 왕 자신의 힘든 노력으로 말을 교정하고, 전 국민을 대상으로 독일에 선전 포고를 하는 감동적인 연설을 하는 것으로 영화는 끝나게 된다. 이 영화는 어떤 신분의 사람이라도 말하기가 삶을 지배하는 중요한 요소가 될 수 있음을 보여주고 있다.

우리나라를 대표하는 축구 선수 박지성이 쓴 <미역국보다 더 따뜻한 말>이라는 수필이 있다. 이 글에서 박지성 선수는 자신의 삶을 바꾼 말 한 마디로, 부상으로 힘들어 하는 자신에게 엄격하기로 소문난 히딩크 감독이 직접 와서 "박지성 군은 정신력이 훌륭하다. 그런 정신력이면 반드시 훌륭한 선수가 될 수 있다."라고 한 격려의 말을 꼽고 있다. 이 한 마디 말 때문에 박지성은 모든 부진을 씻고 굳은 정신력으로 노력하여 2002년 월드컵에서 훌륭한 모습을 보이고, 세계적인 축구 팀 맨체스터 유나이티드에 진출하여 유명한 축구 선수로 활동할 수 있었다고 한다.

소크라테스가 진리를 깨우치는 수단으로 생각한 말하기, 영국 왕 조지 6세가 잘하기를 소망했던 말하기, 박지성을 훌륭한 축구 선수로 성장케 해 준 히딩크 감독의 말하기, 이것들은 모두 말하기가 우리의 삶과 밀접한 관련이 있음을 보여 주고 있다. 말을 통하여 진리를 깨달을 수도 있고, 말을 통하여 훌륭한 왕이 되거나 축구 선수가 될 수도 있다. 철학자나 왕이나 축구 선수가 아니라도 우리는 삶의 거의 대부분을 말에 의존한다. 가족이나 연인, 친구들과의 아름다운 일상의 삶, 손님을 대하는 판매원으로서 삶, 중대한 문제를 두고 격렬하게 논쟁하는 토론자의 삶, 국가나 단체의 일을 결정하기 위하여 의견을 교환하는 토의자의 삶, 취직이나 성공을 위해 면접을 치르거나 발표하는 사람의 삶, 이 모든 삶의 주된 매개체는 단연 말하기인 것이다.

'삶을 바꾸는 말하기', 이것은 우리에게 매우 실제적인 참 명제이다. 대화, 면접, 발표, 토의, 회의, 토론 등은 말하기가 그 핵심이면서, 우리의 삶을 순식간에 바꿀 수 있는 중요한 것들이기 때문이다. 그러나 이런 중요한 말하기를 체계적으로 배우고 연습하는 사람은 많지 않다. 말하기는 천부적인 능력일 뿐 학습을 통해서 발달시킬 수 있는 것이라고 잘 생각하지 않기 때문이다. 더욱이 말하기 능력은 정치가나 교사나 목사 등 특정한 위치의 사람들이나 갖추면 되는 것으로 생각하는 사람들도 있다. 또한 말을 조리 있게 잘 하는 것은 겸손하지 못한 일이며, 말보다는 행동을 중시해야 한다는 믿음이 지나치게 강한 사람들도 있다. 그러나 우리 삶을 바꿀 수 있는 말하기를 타고난 능력으로만 치부해 버리고 아무런 노력도 하지 않는다는 것은 바람직한 일이 아니다.

체계적인 학습과 훈련을 통하여 말하기 능력을 향상시키면 자신감 있고 보람 있는 삶을 살 수 있다. 바람직한 대화의 기술을 익히면 말하는 이나 듣는 이가 더욱 친밀해지고 행복한 일상생활을 영위할 수 있다. 좋은 회사에 취직하고자 한다면 다른 사람보다 더 나은 면접 방법을 익혀 두어야 한다. 연구하거나 조사한 내용을 보고할 때에 적절한 발표의 방법을 알고 있지 않다면, 연구나 조사가 허사가 될 수도 있다. 토론에서 이겨서 자신의 주장을 관철시키거나, 구매자에게 자신의 상품을 판매하고자 한다면, 상대방을 잘 설득하는 방법을 알고 있어야 한다. 또한 회의나 토의에 참여하여 다른 사람의 의견들을 듣고 자신의 의견과 절충하여 최선의 결과를 도출하는 효과적인 방법들도 익혀 두어야 한다. 요컨대, 우리 삶을 변화시키는 말하기를 위하여 학습하고 훈련해야 할 내용들은 다양하다. 이 책은 독자들에게 말하기의 종류에 따라 필요한 다양한 학습 내용들을 제시하며, 그것들을 배우고 연습하여 실제 삶에 적용 수 있는 능력을 길러 줄 것으로 믿는다.

02 | 말하기 능력

(1) 언어 능력(linguistic competence)

합리주의 언어 이론을 주창하는 학자들에 따르면, 인간이 말을 하는 능력은 '천부적인 것(innate faculty)'이다. 이러한 능력은 '인간에게만 유일한 것(unique to man)'으로서 '언어적 인간(호모 로퀜스, homo loquens)'을 동물과 구분하는 기준이다. 촘스키(N., Chomsky, 1965)는 인간은 자기 모국어를 자유롭게 조작할 수 있는 불가사의하게 보이는 '암묵적 앎(tacit knowledge)'의 능력을 갖고 있는데, 이것을 언어 능력(linguistic competence)이라고 불렀다. 언어를 자유롭게 조작하는 능력이란 그 언어를 자유롭게 말하고, 듣고, 이해하는 능력을 모두 포함한다. 따라서 촘스키(N., Chomsky, 1965)에 의하면, 언어 능력이란 사람이 천부적으로 알고 있는 모국어의 무한한 문장들의 옳고 그름을 판단할 수 있는 이상적인 언어 체계이다.(linguistic competence is the ideal language system that makes it possible for speakers to produce and understand an infinite number of sentences in their language, and to distinguish grammatical sentences from ungrammatical sentences.)

언어학자들에 의하면 사람이 삶을 영위하는 데에는 이러한 천부적인 언어 능력만 있으면 충분하다고 한다. 어린이들을 보면, 말을 배우는 데에 어떤 천부적인 재질을 갖고 있음을 알 수 있다. 어린이는 아직 다른 지적, 육체적 능력이 발달하지 못한 상태에서도 32개월을 전후하여 자기의 모국어를 완전하게 구사한다. 외국어를 배워 본 사람이면 누구나 다 말을 배운다는 것이 얼마나 어려운 것인가를 경험한다. 그러나 어린이들은 불과 3년이 못 되어 그것도 특별한 지도도 없이 하나의 언어를 완전하게 구사한다.

말을 완전하게 구사한다는 것은 들은 말만을 외워서 반복한다는 것이 아니라 그것을 응용해서 자기가 이제까지 한 번도 들어 본 적이 없는 문장도 자유자재로 만들어 낼 수 있음을 의미한다. 한 언어가 가지고 있는 문장의 수는 무한하다. 그러나 어린이들은 특별한 노력을 하지 않고서도 이러한 무한한 문장을 이해할 수 있을 뿐만 아니라 말할 수도 있게 된다. 바로 언어 능력 때문이다. 언어 이외의 다른 능력, 예컨대, 셈이나 글 읽기, 특별한 운동 기술 같은 것은 아무리 노력을 기울여도 배우지 못하거나 그 숙련도에 큰 차이가 있지만, 말을 못하는 어린이는 없으며 그 완성도에 있어서도 아무런 차이가 없다. 다만, 말을 배우는 속도에는 약간의 차이가 있지만 결국에는 말을 자유자재로 할 수 있게 된다. 헬렌 켈러 같은 사람도 귀머거리에다 벙어리였지만 말을 배울 수 있었다.

그러나 인간의 평생을 살펴볼 때 천부적 언어 능력에만 의존하여 모든 말하기 활동을 전개하고, 언어에 대한 아무런 학습도 하지 않는다고 보기는 어렵다. 어떤 점에서 천부적 언어 능력으로 습득한 언어는 인간의 생존에 필요한 가장 기본적인 행위에 소용되는 것인지도 모른다. 인간은 기본적인 생존 활동 이외에도 필수적으로 품격 높은 사회 활동을 해야 하는 존재라고 한다면, 여기에 필요한 언어 능력을 따로 갖추지 않을 수 없는 것이다.

이런 점에서 이 책에서 말하고자 하는 말하기 능력이란 천부적인 '언어 능력 + α'이다. 이것은 올바른 발음, 구조적으로 적합한 문장의 구사, 의미적으로 알맞은 어휘의 선택 등은 물론이고, 상황에 알맞은 말하기, 글에서 같은 체계적인 구성력, 다른 사람과 사회 활동을 잘 해 내는 데 필요한 타협과 양보, 논증 능력 등을 모두 포괄하는 개념이다. 사회란 개인 대 개인, 가정, 학교, 국가 등 인간의 모든 삶의 영역을 말한다. 인간이 활동하는 모든 삶의 영역에서 말하기가 단지 태어날 때 가지고 온 어떤 의미에서 본능과 흡사한 언어 능력에 의해서만 이루어질 수 있다고는 생각하지 않는다. 각각의 삶의 영역에 적절하게 필요한 말하기 능력이 있다.

(2) 의사소통 능력(communicative competence)

의사소통 능력이란 촘스키의 언어 능력에 대응하는 개념으로 사회언어학자들이 자주 언급하는 용어이다. 의사소통 능력이란 주로 '모어화자가 제2언어(L2)를 학습할 때 필요로 하는 언어 능력'을 지칭한다. 제2언어 학습자는 목표 언어의 문법을 이해하고 응용할 수 있는 능력 뿐 아니라 잘못된 발화를 수정하고, 어떻게 적절한 발화를 할 수 있는지 판단하는 능력까지를 갖추어야 하는데 이를 보통 의사소통 능력이라고 한다.

하임즈(D, Hymes, 1972)는 촘스키의 언어 능력에 대한 정의가 언어의 사회적, 기능적 규칙성을 포착하지 못하고 있음을 지적하고, 언어의 본질은 의사 전달이기 때문에 이러한 능력을 포착해서 기술하는 것이 언어학의 임무라고 보았다. 이에 하임즈는 촘스키의 언어 능력 대신 정보를 전달하고 이해하며 구체적인 상황에서 언어 사용 당사자 간에 의미를 협상할(negotiate) 수 있는 능력으로서 의사소통 능력을 제안했다. 따라서 하임즈는 언어 습득에 있어서 그 언어의 '문장을 구성하는 방법'을 배워야 할 뿐 아니라 '문장을 사용하는 일련의 방법'들에 대한 지식도 습득해야 한다고 주장한다. 또한 적절한 대화를 주고받는 데 필요한 '무언의 사회문화적 지식'들도 함께 배워야 한다고 말하고 있다.

한편, 커네일과 스웨인(Canale and Swain, 1980)은 의사소통 능력을 아래의 네 가지로 능력으로 하위 구분하였는데, 이러한 구분은 응용언어학의 여러 분야에 광범위하게 사용되고 있다.

- **문법 능력(grammatical competence)**: 어떤 언어의 음운, 형태, 통사, 의미의 구조를 아는 능력이다.
- **담화 능력(discourse competence)**: 문법 능력과 상호보완 관계를 갖는 능력으로서, 문장을 뛰어 넘는 언어 단위인 담화를 이해하고 생성하는 능력으로서, 어떤 의사소통이 전체 담화에서 어떤 위치에 있는가를 파악하는 능력이다. 담화는 입말과 글말을 모두 포괄하는 개념이다.
- **사회 언어학적 능력(sociolinguistic competence)**: 문장과 담화의 사회 문화적 규칙을 이해하는 능력이다. 어떤 언어 표현이 사용되는 사회적 맥락을 이해하며 그 언어활동에 참여하는 모든 당사자들의 관계에 관한 이해를 포함한다.
- **전략적 능력(strategic competence)**: 매우 복합적인 능력으로서, 의사소통의 방향을 바꾸거나 시작하거나 멈추는 능력이다. 정상적인 의사 전달이 실패했을 때 이것을 보상해 주는 언어적, 비언어적 의사소통 능력도 이에 해당한다.

인간이 32개월을 전후에서 완성하는 천부적인 언어 능력만으로 일생 동안의 모든 사회생활을 원활히 유지하는 데 필요한 말하기를 적절히 수행하는지에 대해서는 알려진 바가 없다. 천부적 언어 능력은 모국어를 쉽게 습득하고 구사하는 데 필요한 가장 기본적인 능력이라고 부를 수 있을 것이다. 반면, 의사소통 능력은 이 기본적인 능력을 포함하면서도, 여기에서 나아가 한 언어를 사용할 때 필요한 다양한 응용적인 능력이 더해진 것이라고 할 수 있을 것이다. 이 응용적인 능력을 기르기 위해서는 천부적인 언어 능력의 토대 위에서 부단한 학습이 필요할 것이다. 그리고 이렇게 학습으로 얻어지는 말하기 능력을 '후천적 말하기 능력'이라고 부를 수 있을 것이다.

(3) 후천적 말하기 능력

학습을 통해서 얻어지는 후천적 말하기 능력은 인간의 천부적 능력으로서 말하기 능력과는 좀 다른 관점에서 생각해야 할 문제이다. 천부적 말하기는 언어를 자연 습득하는 인간 본연의 능력이다. 그러나 후천적 말하기 능력은 이런 인간 본연 능력과는 달리 부단한 후천적 학습을 전제로 한다.

어떤 점에서는 언어 능력이든지 의사소통 능력이든지 모든 인간의 능력은 선천적인지도 모른다. 조상으로부터 물려받은 내재적 재능의 차이로 모든 능력의 차이가 생긴다고 받아들이는 사람들도 있기 때문이다. 특히 감명 깊은 연설이나 강연을 들으면, 그 연설자가 천부적으로 뛰어난 능력을 타고 났을 것으로 생각하고 몹시 선망한다. 또한 우리는 그 연설자처럼 말하기 재능을 갖지 못했음을 아쉬워하고, 선천적인 재능이 없으므로 앞으로 말하기 능력을 키울 수 없을 것이라고 쉽게 체념해 버리기도 한다. 이러한 생각은 우리가 어떤 특정한 기능을 갖추기 위한 기본적 자질들에 대하여 모두 천부적인 것이라고 성급한 결론을 내리는 것과 같다. 그리고 그 때문에 많은 사람들이 현재의 자기 자신에 대해 어쩔 수 없이 만족해 버리고 마는데, 이러한 태도는 사람의 발전을 저해하는 요인이 될 수도 있다.

물론 우리는 모두 기본적으로 똑같은 정신적, 신체적 자질을 갖추고 태어나지는 않는다. 확실히 우리 가운데는 어떤 능력이나 행동에서 비교적 유리한 자질을 가진 사람들이 있다. 또한 좋은 환경에서 태어나서 교육 훈련의 혜택을 잘 받은 사람들도 있다. 말하기 능력에서도 원숙한 경지에 도달하는 데에 남보다 한층 앞설 수 있는 어떤 천부적 자질이나 유리한 환경이 있을 수 있다. 예를 들면, 뛰어난 외모, 아름다운 목소리 등이나 특별한 가족 환경 따위도 그러한 것일 수 있다.

그렇다면 또는 그렇다고 해도, 우리에게는 학습과 훈련이 필요하다. 말하기 능력의 천부성에 대한 우리의 일반적인 믿음이 잘못임을 보여주는 유명한 웅변가, 능변가들의 사례도 많다. 프랭클린 루즈벨트는 천부적인 능변가였다고 하는 사람들이 있다. 그러나 이는 잘못이라고 한다. 루즈벨트는 하버드 대학을 다닐 때 연설이나 토론 활동에 적극적으로 참여하며, 스스로 능변가가 되기 위해 피나는 훈련을 쌓았다고 한다. 처칠도 달변가로 알려져 있지만, 연설에 임할 때면 청중에 대한 공포심을 없애기 위해 '청중이 다 발가벗고 있다.'고 생각하면서 연설을 했다고 한다. 그리스의 유명한 연설가 데모스테네스도 능변가로서 위대한 명성을 얻기 위해 피나는 훈련을 쌓았다고 한다. 큰 발성을 얻기 위해 해변에서 입 속에 돌을 넣고 연습할 정도로 말하기 능력을 갖추기 위해 노력했다고 한다. 철의 여인 마가렛 대처가 자신의 낮은 출신 배경에서 비롯한 언어 습관을 고치기 위해 많은 노력을 기울였다고 하는 것도 잘 알려진 이야기이다. 이것들은 천부적 능력이 없는 사람이라도 부단한 학습과 노력으로, 서두에 언급한 조지 6세처럼, 필요한 능력을 기를 수 있음을 보여주는 좋은 사례들이다.

(4) 말하기 능력을 기르는 요령

현대 사회에서 성공적인 삶을 살기 위해서는 말하기 능력을 배양하는 학습이 절실하게 필요하다. 이미 지식 정보화 사회로 전환이 이루어진 현대 사회는 정보의 효과적인 전달과 이해가 가장 중요한 관심사이다. 이러한 현대 사회에서는 정확하고 설득력 있게 자신의 의사를 전달할 수 있으면서도 동시에 다른 사람들과 원만한 인간 관계를 유지할 수 있는 사람이 필요하다. 사람들이 직장 생활에 적응하지 못하고 그만 두는 주된 이유가 성실하지 못하다거나 전공 지식 혹은 기술력이 부족해서일 수도 있지만, 말하기 능력이 부족해서라는 연구 사례도 있다. 이는 현대 사회에서 말하기 능력의 중요성을 잘 말해 주는 것이다.

그렇다면 과연 말하기 능력을 갖춘다는 것은 실제로 무엇을 의미하는 것일까? 아래에서는 목적에 알맞은 메시지의 생성과 구성, 실제 상황에 어울리는 말투와 행동, 청자의 기대나 요구에 대한 고려, 효과적인 메시지의 생산과 구성 방법의 숙달, 다른 사람의 말을 주의 깊게 듣고 반응하는 요령 등을 말하기 능력의 기본 요건들로 고찰해 보려고 한다.

메시지의 생성과 구성 능력

말하기는 화자가 청자에게 메시지를 건네고, 청자가 그 메시지를 이해한 뒤 이번에는 자신이 화자가 되어 상대방에게 메시지를 되돌려 주는 일련의 과정을 모두 포함한다. 말하기에서 화자의 역할이 된 사람은 자신이 말하려는 목적에 따라 메시지를 만들어 내고 상대가 이해할 수 있도록 적절히 구성하는 능력을 갖추고 있어야 한다. 메시지의 생성과 구성 능력은 말하는 상황이나 말하는 목적이 정해지면, '알맞은 단어를 선택하고 적절한 문장을 만들어 합당하게 배열하는 능력'이다. 메시지의 생성과 구성은 말하기의 종류에 따라서도 달라진다. 곧 대화인지 연설인지 토론인지 발표인지 등에 따라서 적절한 메시지가 있고, 그 구성법이 있는 것이다. 이 메시지의 생성과 구성 능력이야말로 말하는 이가 우선적으로 갖추어야 할 능력이라고 할 수 있다.

공감 능력

공감 능력이란 말하기 상황에서 자신의 견해를 견지하면서도 상대방의 말이나 행동의 의미를 공유할 줄 아는 능력이다. 의사소통(communication)이란 정보나 감정을 공유하는(common)하는 것이라고 한다. 사람은 누구나 자신의 말과 감정만을 앞세우기 쉽다. 그러면서도 동시에 자신의 말이나 감정을 상대방이 공감해 주기를 원한다. 따라서 우리는 자신의 감정에만 치우치지 않고 상대가 어떻게 느끼는지를 이해하려고 노력해야 한다. 말하기에서 자신의 견해를 분명히 피력하는 것도 중요하지만, 자신이 상대편의 처지가 되어서 생각하는 공감 능력도 꼭 갖추고 있어야 한다.

객관 능력

객관 능력이란 말하기에서 화자와 청자가 선택할 수 있는 대안들에 대하여 객관적으로 이해하고 검토할 수 있는 능력이다. 상황을 객관적으로 볼 수 있는 사람은 상대방의 행동을 예견할 수 있기 때문에 주어진 상황에서 적절하고 효율적으로 대처할 수 있다. 또한 어떤 말을 할 때에도 자신의 주관적인 느낌만을 앞세워 상대와 해결할 수 없는 대립 상태로 빠지지 않고, 상황이나 문제에 대해 중립적인 관점에서 타당하게 말할 수 있다. 우리는 일상에서 '친절하다/불친절하다', '좋다/나쁘다', '옳다/그르다'처럼 주관적이고 이분법적인 말하기에 익숙하다. 그러나 이러한 말하기는 자칫 편견과 잘못된 판단의 전달이 될 수 있다. 상황을 편견 없이 바라보고 말하는 것이 바로 객관 능력이다.

관계 이해 능력

말하기는 사람들 사이의 관계에 많은 영향을 받는다. 우리는 서로의 나이, 성별, 사회적 신분 등을 파악하여 무엇을 말하고 어떻게 행동을 해야 하며, 혹은 무엇을 말해서는 안 되고, 어떤 행동은 하지 말아야 하는가를 결정한다. 사회언어학에서는 이러한 요인들을 사회적 변항이라고 부른다. 동일한 내용이라도 사회적 변항에 따라 말하는 방식, 메시지의 성격, 이해의 정도 등이 크게 달라진다. 이 관계 이해 능력 또한 말하기 능력의 중요한 요소이다.

상황 파악 능력

모든 말은 상황에 적절해야 한다. 말하는 데에는 적절한 시기와 장소가 있다는 것이다. 모든 글에 적절한 장르가 있다면, 모든 말에는 적절한 상황이 있다. 문상을 하면서 자신의 유쾌한 이야기를 늘어놓을 수 없고, 공식적인 토론에서 자신의 개인사를 장황하게 말할 수 없다. 아침에 해야 할 이야기가 있고, 저녁에 해야 할 이야기도 있다. 말하기는 때와 장소에 따라 다를 수도 있지만, 말의 목적이나 종류에 따라서도 다를 수 있다. 시간, 장소, 장면 등 말하기를 둘러 싼 이러한 여러 가지 배경들을 통틀어 상황이라고 부를 수 있고, 말하는 이에게는 이러한 상황을 잘 파악하는 능력이 필요하다. 상황 파악 능력은 말할 때 어떻게 행동해야 하며, 상대방에게 무엇을 기대할 수 있는지를 판단하는 데 도움을 줄 것이다.

전략 능력

전략 능력이란 말하기 상황의 변화에 따라 적절히 대처하는 능력이다. 상황 파악 능력이 말하는 상황에 그 자체에 대해 아는 것이라면, 전략 능력은 상황이 변할 때 말의 방향을 바꾸거나 말을 시작하거나 멈추는 능력이다. 말하기 능력이 탁월한 사람이란 모든 말하기 활동에 적극적으로 참여하면서도 상황 자체를 전략적으로 경영할 줄 아는 기술을 갖추고 있다. 상황에 변화에 따라 적절한 대화 스타일의 결정, 효과적인 설득 근거의 마련, 뜻밖의 문제에의 대처, 청자 반응에 대한 고려, 말의 적절한 순서 교대 등의 전략적 기술을 갖추는 것도 말하기 능력의 중요한 요건이다.

불안 대처 능력

사람에 따라 정도의 차이는 있지만 누구나 말하기에 대해 불안 증세를 가지고 있다. 심리학자들에 따르면 사람은 무의식적으로 말하기라는 유리창을 통해 '이상적인 나'의 모습을 드러내고자 하지만, 현실적으로는 이상적이지 못한 '실제 나'의 모습이 드러나게 될까 봐 갈등을 느끼고, 이 갈등이 신체적인 긴장을 조성하는 것이 바로 말하기 불안 증세라고 한다. 말하기 능력을 잘 갖춘 사람들은 대개 이 말하기 불안 문제를 긍정적으로 받아들이고, 성공적인 말하기 경험의 기회를 자주 가짐으로써 조절한다. 불안은 예기적(豫期的)이고, 반복적이며, 과대 망상적인 성격을 지닌다. 긍정적 경험은 예기적 불안을 성공 가능성으로 바꾸고, 불안의 반복을 차단할 수 있다. '긍정적이고 의미 있는 경험’을 위해서는 말하기 할 내용을 철저히 준비하여 연습하고, 자신감을 갖는 것이 필요하다.

■ 듣기 능력

입은 하나지만 귀가 둘인 이유는 말하기보다 듣기를 더 중시하라는 의미라고 한다. 실제로 우리의 언어생활에서는 말하는 시간보다 듣는 시간이 더 많지만, 말하기에 비해 듣기에는 별 관심을 기울이지 않는 경향이 있다. 그것은 듣기에는 특별한 방법이 있는 것이 아니라 자연스럽게 이루어지는 것이라고 믿기 때문이다. 그러나 말하기에서는 화자와 청자의 역할이 수시로 바뀌기 때문에 듣기와 말하기가 실은 둘이 아니다. 요컨대, 말하기는 화자와 청자가 이루어내는 공동 작업이며, 그 성패에도 공동 책임이 있다.

말하기 능력을 갖춘 사람은 자신의 의사를 정확하고 효과적으로 표현하는 것뿐만 아니라 상대방의 이야기를 잘 들을 줄도 아는 사람이다. 듣기 능력이 뛰어난 사람은 상대가 말하는 내용에 주의를 기울여 들으면서 말 속에 포함된 여러 아이디어들 사이의 관계를 파악하고, 이를 연결 지어 내용을 요약하는가 하면 이제까지 들은 내용을 중심으로 다음에 이어질 내용을 예측하거나 행간의 의미를 이해하려고 노력한다. 또한 자신이 말할 때가 되었을 때 들은 내용을 토대로 문제에 대해 정확히 말할 수 있다.

듣기에는 보통 세 가지 차원이 있다고 한다. 첫째, ‘들리는(hear) 차원’이다. 이는 듣고 싶지 않아도 귀에 들리는 상태이다. 즉 청자의 의지나 주의가 전혀 없이 상대방의 음성이 귓가에 들리는 것을 말한다. 예를 들어 듣기 싫은 수업이나 강연을 억지로 들어야 할 때의 듣기라고 할 수 있다. 둘째, ‘듣는(listen to) 차원’이다. 이는 상대방의 음성을 어느 정도의 의지를 갖고 듣는 상태이다. 곧 상대방이 하는 이야기를 들으려는 의지를 갖고 듣는 것이다. 예를 들면 상대의 이야기를 체면이나 예의상 들어 주는 경우의 듣기이다. 셋째, ‘귀 기울여 듣는(listen carefully to) 차원’이다. 이는 상대방의 이야기를 들으려는 의지를 갖고 주의를 집중하여 듣는 상태이다. 자발적으로 선택한 과목의 수업, 중요한 시사 강연이나 청자의 이해에 직접 관련이 있는 강연 등에서 청자가 보여주는 듣기 태도라고 할 수 있다.

듣기를 주변적 듣기, 비판적 듣기, 공감적 듣기로 구분하기도 한다. 먼저, 주변적 듣기는 듣는 척하는 것이다. 상대의 말하기에 마음 깊은 관심이 없으나 겉으로 관심이 있는 척하는 상태이다. 다음으로, 비판적 듣기는 화자의 편에서 이해하며 듣기보다는 청자 자신의 처지만을 고집하는 듣기이다. 토론 상황에서 상대방의 논지를 무너뜨려야 하는 때에 할 수 있는 듣기이다. 대화 등 일상적인 말하기에서는 상대를 무시하거나 반항하는 정신 상태를 반영할 수 있다. 셋째로 공감적 듣기는 상대의 처지를 이해하고 마음을 공유하기 위해서 듣는 상태이다. 세 가지 듣기 중에서 가장 바람직한 듣기 방법이라고 볼 수 있다.

보충 듣기 요령

✓ **좋은 듣기 태도**
- 객관적 견해를 갖는다.
- 어려운 내용을 듣기 위해 학습한다.
- 자기 나름의 듣기 목표를 갖는다.
- 행간을 읽는다.
- 화자가 내놓은 증거를 파악한다.
- 화자가 말하고 있는 내용을 중심으로 생각하라.
- 화자를 판단하기보다 끝까지 듣는다.
- 화자보다 한 발 앞서 생각한다.
- 화자의 말을 요약한다.

✓ **나쁜 듣기 태도**
- 흥미 없는 주제라고 생각한다.
- 화자의 말솜씨, 개인적 용모 등에만 관심을 갖는다.
- 넘겨짚고 반박만을 준비한다.
- 집중하는 척한다.
- 주의 산만 요인을 모른 체한다.
- 어려운 내용은 관심을 두지 않는다.
- 신경 쓰이는 표현에 영향을 받는다.

<u>1</u> 말하고 싶었지만 주변의 분위기나 다른 이유들 때문에 말할 기회를 놓쳐 버렸던 경험들을 3분씩 말해 보자.

<u>2</u> 말하기 능력이 부족하여 아쉬웠던 경험들을 3분씩 이야기해 보자.

3 다른 사람의 말 때문에 상처받았던 경험이나 다른 사람의 비난이나 충고에 대처했던 자신의 경험을 3분씩 말해 보자.

4 "말하는 것만큼 듣는 것도 중요하다."는 말에 대해 자신의 말을 잘 들어주지 않아서 속상했던 경험을 3분씩 말해 보자.

제2장

말하기의 유형과 기능

01 | 말하기의 유형

인간의 언어는 적어도 세 가지 형식을 갖고 있다. 하나는 몸짓을 사용하는 언어인 몸말이고, 다른 하나는 음성을 사용하는 언어인 입말이며, 나머지 하나는 글자를 사용하는 언어인 글말이다. 몸말과 입말과 글말은 상호 보완적이기도 하지만 각자 독특한 특성을 지닌다. 사람의 말하기에서는 보통 몸짓을 사용하는 말과 음성을 사용하는 말이 조화롭게 사용된다.

글말은 입말을 보존하기 위하여 글자를 이용하여 적은 것이지만, 입말과 똑같은 모습을 하기는 어렵다. 대부분의 글말은 정서법이나 글쓰기 양식과 같은 매우 엄격한 형식에 따라야 한다. 따라서 글자나 낱말을 적는 법, 형식에 맞게 쓰는 법 등을 반드시 학습해야만 글말을 구사할 수 있다. 이 점은 입말이 천부적인 언어 능력에 따라 특별한 학습이 없어도 일정한 시기가 되면 습득되는 것과는 다르다. 그러나 글말은 단지 입말의 보존으로서 기능만을 하는 것이 아니라 때로는 반대로 입말의 원고가 되기도 한다. 연설이나 면접이나 발표와 같은 말하기에서는 원고나 글말 자료를 마련하지 않고는 실제로 말하기를 하기가 쉽지 않다. 일상적인 대화와는 달리 논리적이고 체계적인 말하기가 이루어져야 할 때일수록 글말과 입말의 상호 보완과 협력은 필수적이다. 사람의 말하기에 학습이 필요한 이유도 여기에서 찾을 수 있다.

보통 앞의 세 가지 언어 중 입말로 이루어지는 말하기를 언어적 의사소통이라고 부른다. 넓은 의미에서 입말을 몸말까지를 포함하는 것으로 보는 경우도 있다. 몸말을 입말의 보조적 수단으로 보기 때문이다. 그러나 몸말을 이용하여 이루어지는 말하기는 보통 비언어적인 의사소통이라고 부른다. 이 비언어적 의사소통에 쓰이는 몸짓이란 표정, 제스처, 시선, 옷차림 등처럼 몸의 움직임과 관련한 것들뿐만이 아니라, 시간, 공간 등과 같은 주변 환경들의 변화도 포괄하는 개념이다. 손으로 모든 입말을 대신하는 수화도 물론 몸말에 들겠지만, 수화는 음성 기호를 모두 손짓 기호로 바꾼 것이므로 표정, 제스처 등 여기서 말하는 몸말과는 다른 입말의 변형이라고 봐야 할 것이다.

요약 하면, 언어적 의사소통은 음성을 사용하는 말하기를 가리키고, 비언어적 의사소통은 음성 이외에 다른 모든 것을 사용하는 말하기라고 봐도 좋다. 데보라 텐넌(D. Tannen, 2001)에 의하면 언어적 의사소통은 '메시지(massage, 전언)'를 전달하고, 비언어적 의사소통은 '메타메시지(metamassage, 초(超)전언)'를 전달한다고 한다. 여기서 메시지는 '음성 언어로 전달하는 내용'을 말하고, 메타메시지는 그 메시지를 전달하는 화자의 태도나 감정 등을 이해하는 데 도움을 주는 '음성으로는 표현되지 않는 상위적 정보'들을 가리킨다. 이를 다른 말로 바꾸면, 언어적 의사소통은 '문자적 정보'를 전달하지만, 비언어적 의사소통은 '관계적 정보(혹은 초문자적 정보)'를 전달한다고 할 수 있다. 말하자면, 입말에는 화자가 전달하고자 하는 내용 정보가 들어 있지만, 몸말에는 그 내용 정보를 전달하는 태도라든지, 진실성, 친밀감 등과 같이 내용 정보를 더 정확히 이해하는 데 도움을 주는 여러 가지 요소들이 복합적으로 담겨 있다. 따라서 어떤 사람의 말하기를 올바로 이해하고자 하는 사람이라면, 그 사람의 입말과 몸말을 모두 다 바르게 이해해야 한다.

(1) 언어적 의사소통

언어적 의사소통은 일상 말하기에서는 입말이 중심이 된다. 그러나 연설이나 강의나 발표에서처럼 글말의 도움을 크게 필요로 하는 경우도 있다. 더욱이 글말을 입말의 보조로 활용하는 차원을 넘어 그것을 '읽음'으로써 말하기를 대신하는 일도 있다. 이런 경우에는 생생한 말하기로서 특성은 사라지므로 '낭독'이라고 부른다. 말하기에서 주로 메시지의 전달을 담당하는 입말이 지니는 특성들을 고려할 때, 언어적 의사소통은 어떤 유형의 말하기에서나 다음과 같은 기본 요건들이 갖추어져야 한다.

전달의 명확성

입말은 전달에 시간적, 공간적인 제약이 심하다. 특히 소음 등과 같은 장애 요소들은 메시지의 명확한 전달에 장애가 된다. 입말이 지니는 시간적, 공간적 제약을 완전히 없앨 수는 없다. 이것이 입말이 가진 근본적인 단점이다. 이런 입말의 단점을 극복하기 위하여 발명한 것들이 문자, 확성기, 영상기기, 각종 녹음 장치, 녹화 장치, 컴퓨터 등의 매체들이다. 말하기는 입말의 한계점을 극복하고 메시지를 명확하게 전달하기 위하여 이런 다양한 매체들을 활용할 수도 있다. 화자가 생성한 메시지 그 자체에 불필요한 오해가 생기지 않아야 하기 때문이다.

메시지의 적절성

언어적 의사소통에서 전달하고자 하는 메시지는 말하기의 유형, 상황, 화자와 청자의 관계 등 제반 요건에 비추어 적절한 것이어야 한다. 그렇지 않은 메시지는 듣는 이를 이해시키거나 감동시킬 수도 없고 오히려 오해와 분쟁의 원인이 된다. 한 가지 일화를 들면, 유명한 영국의 주교가 제1차 세계 대전 중에 아프턴 캠프라는 곳에서 병사들에게 강연할 기회가 있었다고 한다. 병사들은 일선으로 출발하기 직전이었으나, 병사들 중 왜 싸움터로 가야만 하는지 확실한 이유를 알고 있는 사람은 거의 없었다고 한다. 그러나 그 주교는 뜻밖에도 '국제 친선'이라는 문제에 대해서 설교를

했다고 한다. 전혀 상황에 알맞은 내용이 아니었지만, 주교가 설교를 하는 동안 강당 밖으로 나간 사람은 한 명도 없었다고 한다. 그럴 수밖에 없었던 이유는 그들이 나갈 수 없도록 모든 출구를 헌병들이 지키고 있었기 때문이었다. 우리 주변에서는 이 예화에서와 같은 말하기를 얼마든지 경험할 수 있다. 상황이나 사람들의 관계를 무시한 부적절한 메시지는 청중의 공감을 얻기 어려울 것이다.

메시지의 사실성

추론이 심하거나 거짓된 메시지는 사람들 사이의 관계를 해친다. 코르지브스키나 하야가와 같은 일반 의미론자들은 인간 언어의 본질적 결함으로 '비현장성, 총체성, 자가 반영성'을 든다. 비현장성은 언어가 '현지보다는 지도'의 역할을 하기 때문에, 메시지는 본질적으로 사실을 왜곡할 가능성이 높다는 것이다. 총체성은 전체화와 같은 것으로서 어떤 사실을 지나치게 확대하고, 일반화하는 것을 말한다. 예를 들면 '어떤 사람이 저지른 범죄'를 그 사람이 속한 단체나 지역 전체의 문제로 확대 해석한다든지 하는 것은 전체화의 우를 범하는 것이다. 이렇게 전체화된 메시지는 사실에서 멀어질 가능성이 높다. 또한 언어는 유언비어처럼 사실을 확인하지 않고도 별도로 재생산될 수 있어서, 사실을 왜곡하고 궁극적으로 인간을 해치는 도구가 될 수 있다. 이런 성질을 언어의 자가 반영성이라고 부른다. 언어가 가진 이런 결함들을 극복하기 위해서는 메시지를 전달할 때 가급적 추론을 지양하고 개별적인 사안에 대해 사실에 입각한 객관적인 내용만을 제공해야 한다.

반복성

청자는 화자가 보내는 메시지를 이해하려는 목표를 갖는다. 따라서 화자는 청자의 이해를 돕기 위해 노력해야 한다. 메시지를 전달할 때 장애가 되는 소음 등 음성 언어 환경이 갖는 여러 가지 장애를 극복하고 청자를 이해시키는 좋은 방법은 바로 반복이다. 반복은 메시지를 이해했는데도 불구하고 같은 이야기를 지속적으로 다시 말하는 '중언부언'과는 차이가 있다. 중언부언은 화자의 말하기 능력의 결함이라면, 반복은 청자의 이해를 위한 화자의 배려인 것이다.

▣ 송환성

송환성은 피드백을 말하는 것이다. 말하기는 화자와 청자의 역할이 적절히 순서로 교대되어야 바람직한 의사소통이 이루어지는 것이라고 할 수 있다. 화자가 일방적으로 말하거나 청자가 자기 차례가 되었는데도 송신 메시지를 제공하지 않으면, 그 말하기에는 뭔가 문제가 있다. 따라서 송환성은 청자도 화자의 메시지에 대해 언제나 피드백을 할 준비를 하고 있어야 한다는 것을 의미한다. 말하기의 완성이 말하기로 끝나지 않고 듣기까지를 포함한다는 것은 바로 메시지의 송수신과 송환이 잘 이루어져야 한다는 뜻이다.

(2) 비언어적 의사소통

우리는 생활에서 어떤 일에 말보다 행동으로 하는 것이 빠를 때가 있다. 또한 우리는 입말 이전에 항상 의식적이든 무의식적이든 몸말을 구사하고 있다. 입말이 통하지 않는 낯선 나라에 여행 가서는 오직 몸말을 이용해서만 의사소통을 할 수도 있다. 이렇게 몸말은 의식적, 무의식적인 행동을 포함하여 우리가 의사소통하기 위해 사용하는 입말이나 글말 이외의 모든 수단을 가리킨다. 그리고 이 몸말을 사용하는 말하기를 일반적으로 비언어적 의사소통이라고 부른다.

몸말은 세계적인 보편성을 갖고 있다. 예컨대, 사람들은 행복할 때에는 미소 짓고, 슬프거나 화가 날 때는 눈살을 찌푸리거나 얼굴을 찡그린다. 불가리아나 그리스, 네팔 등 그렇지 않은 곳도 있지만, 머리를 끄덕이면 대부분 긍정을 표시하고, 머리를 좌우로 흔들면 대부분 부정을 표시한다. 이것들은 몸말의 보편성을 잘 보여준다. 이러한 몸말이 있기 때문에 우리는 입말이 통하지 않는 낯선 나라에서도 크게 불편함 없이 물건을 산다든지 하는 등 일상생활을 할 수 있다.

몸말은 체득적이다. 인간이 몸말을 사용한 기원이 매우 오래되었기 때문이다. 예를 들면, '이를 드러내는 것'은 원래 공격하는 행동에서 비롯되었다. 그러나 이제는 공격성뿐만 아니라, '냉소적'이라든지 하는 다른 것을 의미할 수도 있다. 웃는 것도 '이를 드러내는 행위'의 한 가지로 두려움으로 생기는 '공격성의 절제된 표현'이라고 한다. 말하자면, 웃는다는 것은 상대에게 두려움을 먼저 표시함으로써 분쟁을 없애는 것이다.

몸말은 보편적인 것도 많지만 입말처럼 사회 문화적 의존도가 커서 동일 문화권이 아닌 사람은 이해하기 어려운 경우도 많다. 입말이 보편성과 개별성을 모두 가진 것처럼 몸말도 두 가지 성질을 다 가지고 있는 셈이다. 따라서 사회나 문화에 따라서 달라지는 몸말은 해당 사회 문화에 대한 이해와 경험을 바탕으로 이해하는 것이 바람직하다. 입말이든 몸말이든 언어는 해당 문화와 밀접한 관계를 맺고 있는 것이다.

비언어적 의사소통의 수단인 몸말은 메시지의 정확성이나 진실성을 더 잘 파악하는 데 도움이 되는 메타메시지(초 전언)를 제공한다. 그러므로 메시지를 수신할 때 상대가 보내는 메타메시지를 읽기 위해서는 몸말에도 관심을 가져야 한다. 어떤 사람의 말이 참인지 거짓인지 알기 위해서는 사람의 행동이나 몸말을 잘 관찰하는 것이 많은 도움이 될 수 있기 때문이다.

⠿ 침묵

침묵은 다양한 메타메시지를 전달하는 몸말이다. 분노를 억누를 때의 침묵, 슬픔을 삭이는 동안의 침묵, 중요한 이야기를 경청하기 위한 침묵, 할 말이 생각나지 않을 때의 어색한 침묵, 저항의 표현으로서 침묵, 남의 말을 이해하지 못 했을 때의 침묵, 공손함의 표현으로서 침묵 등 해석을 달리할 수 있는 여러 가지 유형의 침묵이 있다. 말하기를 바로 이해하기 위해서는 여러 가지 유형의 침묵에 대하여도 관심을 가져야 한다. 침묵이 갖는 이러한 다양한 해석을 알고, 상대방의 침묵이 의미하는 바를 찾아내는 일도 의사소통에서 소홀히 할 수 없는 문제이다.

:::: 준언어(paralanguage)

입말에 얹히는 비언어적인 요소들을 준언어라고 부른다. 입말은 언제나 목소리의 강약, 억양, 휴지, 속도 등에 크게 영향을 받으며, 그것들에 따라서 의미 해석이 달라질 수도 있다. 입말의 특성은 분절적이지만, 이러한 준언어들은 초분절적 특성을 지닌다. 준언어 중에는 의미 변별에 분절적인 입말과 동일하게 기능하는 것들도 많다. 예를 들면 중국어의 'mā(媽), má(麻), mǎ(馬), mà(罵)'처럼 말의 고저나 한국어의 '눈/눈:'처럼 말의 장단 등은 분절적인 입말과 똑 같은 의미 변별의 기능을 갖는다.

이렇게 변별적인 기능을 하는 준언어도 있지만, 대부분의 준언어는 사람에 따라 수의적으로 사용되어 메시지에 메타메시지를 더하는 기능을 한다. 사람들은 때로 상대가 '말한 내용(메시지)'보다는 '말한 방식(메타메시지)'을 더 문제 삼는다. "그가 너무 확신에 찬 투로 말하기 때문에 나는 항상 거부감을 느껴."라든지, "그 사람을 말은 다 맞지만 왠지 불쾌해!" 등의 표현은 바로 이러한 태도에서 기인한다. 사람은 반응해야 하는 내용이 정확히 무엇인지 깨닫기보다는 준언어적 요소들이 주는 메타메시지에 더 관심을 갖고 상대에게 반응하려는 경향이 있기 때문이다. 우리가 상대의 음색, 억양 등에서 무엇을 찾아내는지에 관심을 기울인다면, 왜 어떤 사람에게는 호감이 가고, 어떤 사람에게는 그렇지 않은지를 쉽게 납득할 수 있을 것이다.

:::: 제스처

제스처도 입말이 나타나기 오래 전에 인간이 발전시킨 몸말이었을 것이다. 모든 문화권에는 의미 있는 제스처의 체계가 있는데, 이것이 입말에 보조적으로 쓰이기도 하고, 독자적으로 어떤 의미를 전달하기도 한다. 곧, 제스처는 문화의 산물이다. 따라서 제스처의 의미 해석도 사회와 문화에 의존한다. 사람들은 모국어를 배우는 것과 똑같이 제스처의 유형과 그 의미를 배운다.

일반적으로 제스처에는 세 가지 유형이 있는 것으로 본다. 첫째는 지시적 제스처이다. 제스처의 가장 초보적 모습으로, 제스처가 단지 어떤 지시물을 가리키기만 하는 경우이다. 이때의 제스처는 그저 어떤 것을 가리키기 위한 것이다. 둘째는 의미적 제스처이다. 의미적 제스처는 사용하는 손동작이나 몸동작 등이 특정한 의미와 대응하는 경우이다. 예를 들면, '두 팔을 늘어뜨리고 어깨를 으쓱하는 제스처'가 일부 문화권에서 '글쎄.'라든지 '어처구니 없음.' 따위를 의미할 때이다. 셋째는 관계적 제스처이다. 관계적 제스처는 어떤 손짓이나 몸짓이 화자와 청자 사이에 특정한 의미의 공유를 나타내고, 두 사람의 의사소통을 원만하게 하며, 관계를 발전시키는 데까지 나아가는 경우이다.

표정과 몸의 움직임

얼굴 표정과 몸의 움직임 역시 우리가 말하기 하는 가운데 무의식적으로 어떠한 의미를 전달하는 몸말이다. 상대와의 거리, 앉은 자세, 서 있는 모습, 걷는 방식 등이 우리의 기분이 좋은지, 나쁜지, 긴장하고 있는지, 아니면 자신감에 차 있는지 따위의 의미를 드러내 줄 수 있다.

외모

옷차림, 액세서리, 머리 모양, 수염 등의 외모도 말하기의 관점에서 볼 때 많은 역할을 한다. 외모는 우리의 기분이나 느낌을 그대로 드러내 줄 수 있다. 옷의 색깔, 옷차림, 덥수룩한 수염, 짧은 머리, 넥타이, 화장, 액세서리 하나하나가 말하기에서 차지하는 역할은 무시하기 어렵다. 어떤 실험에서 유명한 학자가 정장을 입고 무엇을 부탁할 때에는 대부분의 사람들의 매우 친절하게 부탁을 들어 주었지만, 흐트러진 옷차림과 지저분한 외모를 하고 똑 같은 부탁을 할 때에는 많은 사람들이 가볍게 대하더라는 결과를 보여 준 적이 이 있다. 인간의 내면이 중요하지만, 우리가 외모를 보고 사람을 판단하는 것도 자연스러운 일이다.

신체 접촉

갓난아이는 포옹, 입맞춤 등과 같은 신체 접촉을 통해 엄마와 상호 작용을 하며 건강하게 성장한다. 문화에 따라 접촉이 허용되는 범위가 엄격히 정해지지만, 신체 접촉은 인간이 건강한 삶을 꾸려 가는 데에서 아주 중요한 요소이다. 엉덩이를 살짝 때려 주거나, 어루만져 주는 따위의 신체 접촉이 없는 갓난아이는 건강하게 성장할 수 없다고 한다.

애정이나 친근감의 표현으로서 신체 접촉이 있을 수 있는 반면, 상대를 화나게 만드는 신체 접촉도 있을 수 있다. 우리가 상대의 어디를 접촉하느냐 하는 것도 중요한 문제이다. 그것은 문화적으로 규정되며, 대단히 복잡한 고려에 의해서 이루어진다.

시간

시간도 비언어적 의사소통의 한 수단이 될 수 있다. 미국 도시의 백인 문화권에서는 시간 엄수가 중요해서 정해진 시간을 지키지 않는 것은 모욕으로 생각한다고 한다. 어떤 국가에서는 정해진 시간보다 좀 늦는 것에 관용을 보이기도 한다. 또 정해진 시간보다 좀 더 늦게 혹은 좀 더 이르게 행동하는 것의 의미도 사회나 문화마다 다르다. 개인에 따라서도 시간 감각이 달라서 얼마만큼의 시간 동안 기다릴 때 불쾌감을 느낄지가 다를 수 있다.

공간

말하기가 일어나는 공간 또한 알게 모르게 의사소통에 영향을 준다. 사람들은 각자 어디에서든지 '개인적인 공간'을 갖는다. 이것은 보이지 않는 경계로써 내 것이라고 생각하기 때문에 허락 없이 침입 당할 경우 적대감을 나타내게 된다. 사람에 따라 개인적인 경계 설정의 양상이 다르겠지만, 일반적으로 서양인의 관점에서 볼 때 사람들 사이의 적절한 거리는 다음과 같은 것으로 되어 있다.

- 친밀한 거리: 15~46cm
- 개인적 거리: 46cm~1.2m
- 사회적 거리: 1.2~3.6m
- 공공적 거리: 3.6m 이상

몸짓 언어	나 라	의 미
O	영어권	좋다
	프랑스	제로, 무
	일본	돈
	지중해	동성연애
	브라질	외설적 표현
엄지세우기	공통	권력, 우월, 지배, 최고
	영국, 호주, 뉴질랜드	자동차 세우기
	그리스	저리 가. 꺼져.
	유럽	비웃기
가운데 손가락	공통	외설, 성행위
V(안쪽 보이게)	유럽	승리
V(바깥쪽 보이게)		경멸, 외설
머리 긁기	서양	비듬, 가려움
	동양	미안함, 답답함
입 가리기	서양	거짓말
	동양	창피함
귀 움직이기	인도	후회
	브라질	칭찬
고개 끄덕	불가리아, 그리스	부정
	기타	긍정
옆으로 고개 흔들기	네팔	긍정
	기타	부정
손가락 교차	유럽	경멸
	브라질	행운
손바닥 아래·위로 흔들기	미국	헤어질 때 인사
	유럽	부정
	그리스	모욕

　　비언어적 의사소통 수단으로서 공간은 사람 사이의 거리 이외에 좌석이나 물건의 배치에서도 메타메시지를 전할 수 있다. 따라서 협력 관계를 위한 좌석의 배치, 토론에서 대립하는 사람들 사이의 좌석 배치, 또는 책상 등의 물건의 배치가 특별한 의미를 지닐 수 있다.

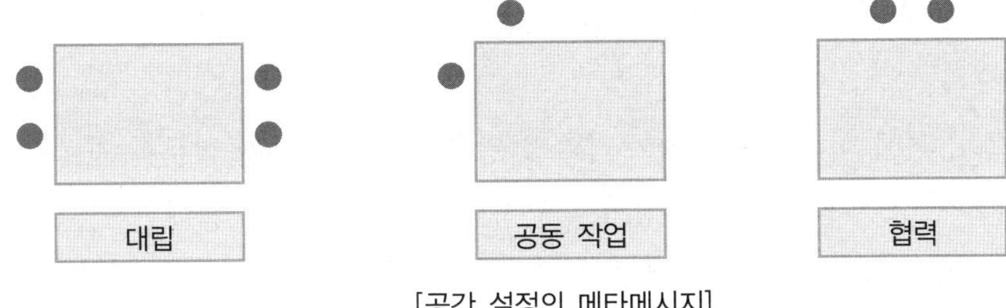

[공간 설정의 메타메시지]

(3) 말하기의 여러 가지 유형

일방 말하기

일방 말하기는 화자가 청자 쪽으로 향하여 이야기하고 청자는 듣기만 하는 전달 위주의 말하기이다. 대개는 화자가 일정한 장소나 연단 위에서 많은 청중을 향하여 이야기하는 의도적이고 계획적인 말하기 유형이다. 이에는 식사(式辭), 지시, 명령, 보고, 발표, 강연, 강의, 성명, 연설, 유세, 설교 등이 있다.

보고는 독서, 견학, 여행, 연구, 실험 등의 결과를 여러 사람에게 알리거나 또는 맡은 일의 결과를 윗사람이나 여러 사람에게 알리고 설명하는 형식의 말하기로 내용이 논리적이고 객관적이어야 한다. 따라서 별도로 마련한 보고서를 토대로 보고가 이루어지는 것이 보통이다.

발표는 어떤 사실을 세상에 널리 드러내어 알리는 것으로 연구 발표나 감상 발표 등이 있다. 발표가 영상 등 시청각 자료를 활용하는 형식을 취할 때 보통 프레젠테이션(presentation)이라고도 부른다. 프레젠테이션은 원래는 광고 등에 관한 사업 계획서 따위를 제출하는 활동을 통틀어 설명하는 말이었으나, 우리말에서 요즘 발표, 혹은 발표의 기법이라는 뜻으로 주로 쓰고 있다. 프레젠테이션은 보고나 강연, 강의 등의 말하기에서도 빈번하게 사용된다.

강연은 전문 지식이나 기능을 지닌 사람이 그것에 관하여 여러 사람에게 이야기하는 말하기 형식인데, 대중을 상대로 상식적인 수준에서 설명하고 이해시키는 점이 강의와 다르다. 강연은 다루는 내용에 따라 보통 학술 강연과 일반 강연으로 나뉜다.

학술 강연은 학술적 주제를 다루지만, 일반 강연은 기타 제반 문제를 다 주제로 할 수 있다.

강의는 강연에 비해 학교나 연구기관 같은 데서 학생들에게 학문을 가르치기 위하여 행하는 말하기이다. 따라서 강의는 일정한 자격을 갖춘 청중에게 학술적인 내용을 전문적이고 체계적으로 설명하고 이해시킨다.

성명(聲明)은 개인이나 단체가 어떤 일에 대하여 자기편의 주장이나 의견, 태도 등을 사회에 널리 알리는 말하기 형식이다. 보통 정치, 외교 분야에서 많이 쓴다. 흔히 정당에서 내놓는 대변인 성명이나, 어떤 단체의 특정 정치인 지지 성명 등이 이에 속한다.

연설은 개인이 연단 위에서 청중을 향하여 비교적 길게 정해진 시간 동안 자기의 주의, 주장을 알리고 설득하는 말하기 형식이다. 특별히 집회나 파티에서 요청을 받아 즉흥적으로 하는 짧은 연설을 즉흥 연설이라고도 한다. 연설에는 링컨의 게티즈버그 연설, 마틴 루터 킹의 워싱턴 연설 "나에게는 꿈이 있다.(I have a dream)"처럼 많은 사람이 감명을 받고 오래도록 기억하는 것들이 많다. 이렇게 역사적으로 기억할 만한 연설을 하기 위해서는 좋은 연설문의 뒷받침도 있어야 한다.

쌍방 말하기

쌍방 말하기는 화자와 청자가 서로 주고받는 말하기로서 인간적인 상호 작용과 반응, 응답의 송환 작용이 가장 활발하게 이루어지는 형식이다. 쌍방적 말하기는 화자와 청자가 역할을 바꾸어 가면서 교대로 메시지를 주고받기 때문에 유의해야 할 점이 많은 말하기이기도 하다. 보통 우리의 일상 대화가 이 형식의 가장 대표적인 것이다. 대화 이외에도 인사, 소개, 토의, 토론, 회의, 대담, 좌담, 면접, 상담 등이 모두 이 쌍방 말하기에 속한다.

대화와 대담은 두 사람이 이상이 만나 의견이나 감정을 서로 주고받는 가장 전형적인 말하기 방법이다. 이중 대화는 사람이라면 누구 일상에서 수시로 경험하는 것이다. 반면 대담은 특별한 목적을 가지고 사람들을 한 데 모아 대화를 하도록 유도한 말하기이다. 대담자로 선택되는 사람들은 대화의 내용과 관계가 깊은 사람들이나 관계자들이다. 대담은 토의나 토론보다는 좀 더 사적이고 친밀한 분위기 속에서 쌍방 말하기가 이루어진다.

좌담은 일정한 장소에 두 명 이상이 자유롭게 모여 앉아 주어진 화제에 대해 돌아가면서 말하는 형식이다. 좌담에 참여하는 사람이 여럿일 때에는 이를 좌담회라고 부르기도 한다. 좌담회에서는 누군가가 말을 할 때 나머지 사람들은 모두 같이 듣는 것이 특징이다. 좌담회는 집단으로 이루어진다는 점에서는 다음에서 볼 집단 말하기의 하나이다.

토의와 회의, 토론은 주로 집단으로 쌍방적 말하기를 진행하는 것이지만, 요즘 토론 중에는 '맞장 토론' 등과 같은 것도 있어서 사회자의 진행에 따라 '1 대 1'로 행해지기도 한다.

집단 말하기

집단 말하기는 집단 단위, 곧 여러 사람이 더불어 이야기하는 '다 대 다' 형식의 말하기이다. 여기에는 주로 토의와 회의, 토론이 있다.

토의는 어떤 공동 문제에 관심을 가진 여러 사람들이 모여서 의견을 교환하는 말하기이다. 토의의 특징은 다수의 의견을 종합하되 소수의 의견도 무시하지 않으면서 최선의 결론을 얻기 위해서 서로 협력하는 말하기 방식이라는 것이다.

토론은 두 사람 이상이 어떤 공동 문제에 관하여 찬성, 반대 양편으로 나뉘어져 자기편의 의견이나 주의 주장을 내세워 이야기하는 방법이다. 토론이 토의와 다른 점은 자기의 주장이 채택되도록 하기 위하여 많은 논거를 제시하여 상대방을 공격하는 말하기 방식이라는 것이다.

회의는 많은 사람이 모여 특정한 문제에 관하여 의견, 주의, 주장, 정보를 서로 나누고 의견 일치를 통해 해결책을 모색하기 위해서 이야기하는 방식이다. 회의에는 회원이 있고, 사회자로서 의장이 있으며, 기록원으로서 서기가 있으며, 회의의 규칙과 순서 및 회의록 등이 갖추어져 있다. 또한 회의는 회원에게 결정에 대해 순응할 의무를 부과하는 특징이 있다. 회의는 토의의 일종이지만, 토의에 비해 규칙과 형식이 더 엄격하다.

▦ 학술적 말하기

대학이나 연구소 등 학술 연구 기관에서는 보고, 발표, 강의, 강연, 토의, 토론, 회의 등의 말하기를 많이 사용하는데, 특히 내용과 방법 면에서 학술적인 성격이 강할 때 이를 학술적 말하기라고 부른다. 학술적 말하기에는 기술(記述)적 말하기, 설명적 말하기, 시범적 말하기 등이 있다.

기술적 말하기는 어떤 대상을 구체적으로 묘사(describe)함으로써 청자에게 감각적 영상을 만들어 주고, 이를 통해서 화자의 의도를 이해하게 하려는 말하기이다. 기술(description)은 사물의 특성을 있는 그대로 나타내는 것이기 때문에 객관성을 띤다. 따라서 어떤 대상을 정확하게 묘사하여 상대방에게 전달하는 일은 학술적 말하기의 첫째 조건이다. 화자의 주관을 배제한 있는 그대로의 사실을 정확하게 전달할 수 있는 능력이 학술 연구에는 필요하기 때문이다. 기술적 말하기에서는 화자가 직접 또는 간접으로 보고, 듣고 체험한 사실이나 사물을 청자에게 전달할 때 대상의 구조화와 가시화 작업이 이루어져야 한다. 여기서 구조화는 말할 내용의 뼈대(frame work)를 만드는 일이며, 가시화는 살을 붙이는 작업이라고 할 수 있다.

설명적 말하기는 청자가 모르는 사실을 알아듣기 쉽도록 이야기하여 이해시키기 위한 것이다. 어떤 사실을 알게 한다는 점에서 앞의 기술적 말하기나 다음에 이야기할 시범적 말하기도 같은 것이지만, 좁은 의미에서는 묘사나 시각 보조물을 사용할 수 없는 추상적 개념을 말로써 설명하는 것만을 뜻하기도 한다. 대학의 강의, 각종 학술 발표회 등에서 이루어지는 말하기가 좋은 예이다.

설명적 말하기는 추상적 개념을 내용으로 하는 성격 때문에 논리적 증명이나 유추를 주로 사용하고 있어서 가장 효과적인 순서 또는 계열을 만들어야 한다. 이 말하기는 다루는 영역에 따라 인문과학, 사회과학, 자연과학의 세 분야로 나눌 수 있다.

인문과학 분야의 말하기는 인간의 이성과 감성 양면에 호소하는 말하기다. 철학에서 문학에 이르기까지 모든 인류 문화에 관한 학문은 인류 문명의 역사만큼이나 오랜 전통을 지니고 있다. 이 때문에 인문과학 분야 말하기는 인문과학 전체를 통찰하고, 공시적인 면과 통시적인 면 모두에 대해 살피며, 인접 학문에 대한 풍부한 지식도 갖추어야 가능하다.

사회과학 분야의 말하기는 온갖 사회 현상을 연구하는 사회학, 경제학, 법률학 등에 대한 말하기다. 이 분야는 우리의 실생활에 직접 관련되는 까닭에 누구나 깊은 관심을 보인다. 따라서 이 분야의 말하기를 할 때는 객관적 입장을 유지해야 한다. 곧 어떤 내용을 설명하려면 특정 집단이나 계층의 이익에 얽매인 주장을 강조하지 말고 현상을 있는 그대로 진술하여 청자 스스로가 판단하게 하는 것이 효과적이다. 또 청자들의 처지와 말하는 내용을 관련시켜 설명하는 것도 도움이 된다.

자연과학 분야의 말하기는 우리가 흔히 과학이라고 부르는 분야, 즉 자연에 딸린 모든 대상을 다루는 학문인 물리학, 화학, 생물학, 전자공학 등의 분야에 대한 말하기이다. 과학의 시대에 사는 우리는 평범한 사고의 영역에도 과학적 실증을 요구하는 단계에 이르렀고, 과학에 대한 지식은 그 사람의 교양의 척도가 되었다. 따라서 이 분야의 말하기는 현대인의 이러한 욕구를 충족시킬 수 있도록 확인된 사실, 검증 가능한 명제를 다루어야 하며, 원인에서 결과에 이르기까지에 대한 '왜?'라는 의문에 답을 줄 수 있어야 한다. 청자의 전문 분야가 아닐 때는 지나친 전문 용어 사용은 피해야 하며, 근본적인 원리를 명확하게 이해시킨 후 이를 실제 적용했을 경우의 현상을 설명하는 것도 효과적이다.

위와 같은 학문 분야별 학술 말하기는 당연히 말하는 이가 해당 분야의 전문가이거나, 해당 분야에 대한 학술적 탐구를 선행했어야 한다. 따라서 보통 전문 연구자가 논문이나 글로 내용을 완성을 한 후에 청중의 수준에 따라 적절하게 설명하는 방식으로 이루어기도 한다. 이러한 설명은 구체적으로는 프레젠테이션이나 강연, 강의 등의 형식을 빌려서 행해진다.

시범적 말하기는 어떤 사물이나 사실에 대해 실물이나 모형, 그림 등 시각 보조물을 직접 보여 주거나 시범하는 방식의 말하기다. 시범적 말하기에서 시범은 언어로 묘사하는 것보다 신속하고 정확한 전달과 이해를 도울 수 있다. 시청각 교육 시간에

하는 말하기나 각종 실험 실습, 군사훈련 등에서는 특히 시범적 말하기를 자주 활용한다. 이것은 짧은 시간에 높은 교육적 효과를 얻을 수 있기 때문이다. 이러한 시범적 말하기는 내용과 성격에 따라서는 제작법 시범, 조작법 시범, 숙달법 시범 등으로 나눌 수 있다.

제작법 시범이란 어떤 재료나 부속품을 이용하여 제품을 만드는 과정을 설명하는 시범을 말한다. 어떤 요리를 완성하기 위한 재료와 요리법에 대한 시범이나, 공장에서 견습공에게 제품을 만드는 기술에 대한 시범 등이 여기에 해당한다. 제작법 시범에서는 전체 공정에 대한 이해가 선행되어야 한다. 재료에서 완성품에 이르는 전 과정을 이해할 수 있도록 적절히 단계를 나누고 부분이 되는 주요 과정에 대한 시범이 있어야 한다. 필요한 재료와 도구, 기계에 대한 자세한 설명도 필요하다.

조작법 시범이란 각종 기계, 기구의 작동 원리를 설명하는 시범적 말하기이다. 군대에서 개인 화기를 다루고 분해 조립하는 법을 시범하고 가르치는 것이 좋은 예이다. 위에서 조작법 시범에서는 어떤 물건의 제작에 대한 전체 공정을 이해시키기 위한 부분 과정으로서 기계의 조작·작동법을 시범할 수도 있다. 조작법 시범에서는 기본 작동 원리를 간단하게 설명한 다음 작동 과정 하나하나를 직접 보여 주는 것이 효과적이다.

숙달법 시범이란 학습자가 어떤 기능을 숙달할 수 있도록 신체적 동작을 계발하고 효과적인 방법을 알려주어 반복 연습하도록 하기 위한 시범이다. 예를 들어 외줄 타고 오르기를 익힌다고 할 때, 시범을 보이는 사람은 줄을 발에 감아 발판을 삼고 힘을 지탱하여 오르는 가장 효과적인 방법을 시범해야 한다. 학습자는 시범자의 행동을 본보기 삼아 반복 연습함으로써 목표하는 동작을 완성하게 된다. 이때에는 실수의 가능성을 막는 요령, 학습자에게서 발견되는 문제점을 찾아내어 교정해 주는 일이 중요하다.

1 비언어적 의사소통의 사례를 수집한 뒤 발표하여 보자.

2 언어의 본질적 결함을 말한 '사실은 현지, 언어는 지도다.'라는 말에 대해서 더 깊이 생각해 보자.

<u>3</u> 텔레비전에서 대담 프로그램을 시청하고 그 특징에 대해서 3분씩 말해 보자.

<u>4</u> 목회자나 교사, 회사원 등 자신이 진출할 직업 세계에서 가장 빈번하게 행해지는 말하기 유형에 대해서 자신의 생각을 3분씩 말해 보자.

02 | 말하기의 기능

언어학자 야콥슨은 말하기의 기능을 의사소통과 관련 있는 요소들과 결부지어 여섯 가지로 나누었다. 사람의 의사소통에는 '화자, 청자, 메시지, 대상, 환경, 언어 기호'의 여섯 가지가 관련을 맺고 있다. 의사소통에서 이 여섯 가지 요소는 말하기가 특별한 기능을 하도록 만든다.

먼저, 화자는 의사소통에서 주로 자신의 생각을 표현하고자 한다. "오늘은 기분이 좋아요."라든지, "당신을 사랑해요." 등은 화자가 자기 생각을 말한 것이다. 이렇게 의사소통에서 화자가 자신의 감정이나 생각을 표출하는 것을 말하기의 '표현적 기능'이라고 부른다. 표현적 기능은 다른 말로 정서적 기능이라고도 부른다.

둘째로, 청자는 의사소통에서 화자에 의해 주로 어떤 일을 하도록 요구받는다. "어서 집에 가 보세요.", "이리 앉으시지요." 등의 말은 화자가 청자에게 어떤 행위를 시키는 것이다. 이렇게 청자에게 어떤 행위를 하도록 하는 것을 말하기의 '명령적 기능'이라고 부른다.

셋째로, 메시지는 화자가 청자에게 전달하고자 하는 내용이다. 그런데 화자는 청자의 이해나 감정을 고려해 메시지를 가급적 아름답게 꾸미고자 한다. 그래서 "형이 성질이 사납다."보다는 "형이 호랑이 같아요."처럼 표현하려고 한다. 어떤 내용에 대해 보다 완곡하고 예의에 어긋나지 않는 표현을 찾는 것도 이런 이유에서이다. 메시지를 아름답게 하려는 것을 말하기의 '수사적 기능'이라고 부른다.

넷째로, 대상은 의사소통에서 말이 가리키는 지시물이다. "철수가 회사에 취직했어요.", "소가 쥐를 잡았어요."처럼 말하는 것은 대상에 대한 정보를 제공하는 것이다. 이렇게 대상에 대해 정보를 제공하는 것을 말하기의 지시적 기능, 혹은 정보적 기능이라고 부른다.

다섯째로, 환경은 의사소통에서 화자와 청자를 둘러 싼 분위기나 관계 등 제반 상황을 가리킨다. 사람들은 말하기를 통하여 서로 돈독한 관계를 지속적으로 유지하고자 한다. 우리가 "안녕하세요?", "밥 먹었어요?", "다녀올게요." 등처럼 매일 별 의미

없는 말들을 하는 것처럼 보이지만, 이런 말들이야말로 사람들 사이의 환경을 개선하는 데 중요한 것들이다. 말하기가 사람들 사이의 관계 증진에 기여하는 것을 '친교적 기능'이라고 부른다.

여섯째로, 모든 의사소통의 매체는 기본적으로 언어 기호이다. 언어 기호는 의사소통 자체를 이루는 수단이기도 하지만, 어떤 다른 언어 기호를 설명하는 데 쓰이기도 한다. 예를 들어 '춘부장'이라는 말을 모를 때는 우리는 [다른 사람의 아버지를 높여서 부르는 말]이라고 다른 말로 바꾸어 말해 준다. 이렇게 어떤 언어 기호에 대해 말할 때 다른 언어 기호를 이용하는 것을 '상위적 기능'이라고 부른다.

말하기의 기능은 사람의 생각을 표출하는 방법에 따라서도 구별할 수 있다. 사람의 생각은 보통 '지식(knowing)'과 '감정(feeling)'과 '의지(will)'로 나눌 수 있다. 사람은 말하기를 통하여 자기가 가진 지식을 다른 사람에게 제공하고자 한다. 또한 자신의 감정은 아름답게 표현하고자 하며, 자신의 의지는 관철시키고자 한다. 사람이 말로써 지식을 제공하는 것을 '보고적 기능'이라고 부르고, 감정을 표현하려는 것을 '표현적 기능'이라고 부르며, 의지를 관철시키려는 것을 '설득적 기능'이라고 부른다.

또한 말하기는 그 목적에 따라서 '설명 기능, 보고 기능, 설득기능, 오락 기능'의 네 가지로도 나눌 수 있다. 설명 기능이란 상대가 아직 모르고 있거나, 불충분하게 알고 있는 지식이나 정보를 자세히 알려주는 것을 뜻한다. 그래서 설명의 목적을 청자의 이해라고 한다. 보고 기능은 화자가 알고 있는 사건이나 경험, 인상, 사실 등을 정리된 형식으로 알리는 것을 뜻한다. 보고 역시 설명과 마찬가지로 청자의 이해를 목적으로 한다. 설득 기능은 청자에게 무엇인가를 호소하여 화자가 뜻한 대로 행동하거나 생각하도록 하는 것이다. 따라서 설득은 화자가 자신의 주장을 적절한 근거를 이용하여 청자를 납득시키는 것이 목적이다. 오락 기능은 유머나 위트 등으로 청자를 즐겁게 해 주는 것이며 쾌락이나 감정의 순화, 정서적 안정 등이 그 목적이다.

(1) 설명 기능

설명은 일상생활에서 가장 광범위하게 사용하는 말하기다. 아이들에게 만들기 장난감의 결합 순서와 방법을 말해 준다든지, 자동차의 효율적 관리를 위한 간단한 고장 점검 요령을 말해 준다든지, 영업 사원들이 판촉 활동의 일부로 자사 제품의 우수성에 대해 말한다든지 하는 것은 설명의 좋은 예이다. 또한 회사 경영자의 신규 사업 설명이나 장교의 브리핑, 교수의 강의 등도 설명 말하기의 예로 들 수 있다.

▓ 설명의 목적

설명의 목적은 청자가 모르고 있거나 알고 있더라도 불충분한 지식과 정보를 갖고 있는 경우 더 분명하고 상세한 지식과 정보를 제공하여 상대를 이해시키는 것이다.

▓ 설명의 예시

예시 사전적 지식의 전달

> 철쭉과에 속하는 낙엽 활엽 관목, 잎은 타원형 또는 피침형인데, 톱니가 없고, 양면에 혹 모양의 비늘 조각이 산포함. 잎에 앞서 4월에 엷은 홍색꽃이 3~5개씩, 다섯 갈래로 깊이 째진 깔때기 모양으로 피고 과실은 10월에 익음, 산간 양지에 나는데, 한국 각지 및 일본, 중국 등지에 분포함. 정원수 관상용으로도 쓰임.

예시 지식보다는 경험과 주관성에 입각한 설명

> 그 시절이면 온 동산이 발그스름하게 연분홍으로 물이 들었다. 계집애들은 꽃잎을 따먹기도 하였다. 할머니는 화전을 만드신다고 따시기도 하였고, 술을 담그는 데 넣으신다고 따 모으기도 하였다. 그 철이 지나면 철쭉이 피게 마련인데 몇 해 뒤에 서울로 유학을 오니 아이들이 철쭉을 진달래라고 하지 않는가? 그것은 진달래와 비슷하지만 먹지 못하는 철쭉이라고 해도 아이들은 막무가내였다.

강의, 강연, 여행담, 발표, 일화, 사건이나 사실의 전달 등 청자의 이해를 목적으로 하는 모든 말하기

■ 설명의 방법

● 정의

기호(記號)에 대하여 논의의 대상을 보편적인 것으로 하기 위한 문장이나 식, 또는 사용하려는 용어의 의미를 확실하게 규정한 문장이나 식을 그 용어의 정의라고 한다. 이를테면, '한 내각의 크기가 직각인 삼각형을 직각삼각형이라 한다'는 직각삼각형의 정의이다. 정의는 정의되는 말과 정의하는 말로 이루어진다. 정의되는 말을 '피정의항'이라고 하고, 정의하는 말을 '정의항'이라고 부른다. 논리적으로는 정의항이 피정의항보다 더 추상의 수준이 낮을 때를 정의라고 한다. 추상의 수준이 둘 다 같거나 정의항이 피정의항보다 높으면 순환 정의라고 부른다.

● 분류와 구분

분류와 구분은 한 무리의 사물을 일정한 기준에 따라 갈래짓는 지적 작용으로, 대상이 지닌 속성을 밝혀 주는 구실을 한다. 유개념(類槪念)에서 종개념(種槪念)으로 내려오면서 가르는 것을 구분(區分)이라 하고, 종개념들을 모아 유개념으로 묶어 가는 것을 분류(分類)라 하는데, 이를 구별하지 않고 분류라 부르기도 한다. 예를 들어 '말, 소, 개, 돼지, 닭'처럼 작은 것들을 모아 '가축'이라는 큰 무리를 지으면 분류이고, 반대로 큰 것에서 작은 것을 가르거나, 전체를 부분으로 나누거나, 유개념에서 종개념으로 가르면 구분이라고 한다. 말하자면, 계층적인 부류 조직의 상위에서 하위로 이해하는 방식을 구분이라 하고, 그 반대를 분류라고 한다.

 분류

> 규조식물, 접합조 식물, 녹조 식물, 갈조 식물, 홍조 식물, 차축조 식물은 조류 식물을 형성하며, 조균 식물, 진균 식물은 균류 식물을 형성한다. 조류와 균류는 엽상 식물이라 하고, 경엽 식물에 속하는 선택 식물을 더 포함하여 비관다발 식물로 묶인다. 선택 식물, 고사리 식물, 종자식물은 모두 경엽 식물인데 그 중 고사리 식물과 종자식물이 관다발 식물이다.

 구분

> 우랄알타이 어족은 세계 어족의 하나로서 북부 아시아로부터 유럽 일부에 이르는 일군의 언어를 말한다. 이를 우랄 어족과 알타이 어족의 둘로 크게 나누는데, 우랄계는 핀란드어, 에스토니아어, 헝가리어 등 사모예드 제어가 있으며, 알타이어계에는 터키어, 몽골어, 퉁구스어, 만주어가 있으며, 한국어, 일본어도 이에 속한다고 알려져 있다.

● **비교와 대조**

잘 알려지지 않은 것을 설명하고자 할 때 잘 알려져 있는 것과 비교나 대조를 통하여 설명하는 수법이다. 잘 알려진 것과 그렇지 않은 것을 견줄 때에 유사점을 들어 거론하면 이를 비교라고 하고, 차이점을 들어 거론하면 이를 대조라고 한다.

 비교

> 흰 펠리컨은 칠면조만큼 큰 새다. 이 새는 앉아 있거나 헤엄을 치고 있을 때는 온통 하얗게 보이지만, 날아갈 때면 후면 가장자리를 따라 아름다운 검은 속 부분이 드러난다. 흰 펠리컨은 물 안쪽이나 물가에서 논다. 이 새는 여름에는 민물에 떼를 지어 모여 살지만 가을에는 남쪽 바다를 더 좋아 한다. 이 새는 헤엄을 치면서 아래쪽에 큰 턱 주머니를 가진 넓은 주둥이에 퍼 담는 식으로 물고기를 잡는다. 아메리카산 큰 백로도 흰 펠리컨보다는 약간 여위었으나 큰 새다. 이 새도 앉아 있거나 걷고 있을 때는 온통 하얗게 보인다.

● 분석

분석(analysis)은 한 관념이나 대상을 구성 요소들로 나누어가는 과정이다. 이 방법
은 서로 연관된 여러 부분들로 이루어진 관념이나 대상을 설명하는 데 효과적이다.
따라서 분석은 각 구성 요소들이 유기적(有機的)으로 조직되어 있을 때 사용한다. 분
석을 효과적으로 수행할 때, 분석은 단지 대상의 구조를 차례대로 분해할 뿐만 아니
라, 분해한 부분들의 상호 관계나 전체 구조 속에서 그들이 차지하는 위치나 기능까
지도 아울러 밝혀낸다.

분석의 가장 두드러진 특징 하나는 바로 유기적으로 짜여서 정해진 기능을 발휘하
는 '구조'를 대상으로 한다는 점이다. 곧, 구분된 각 항목들은 그 자체의 개별적인 의
미보다는 전체 구조 속에서 요소로서 의미 기능이 더 큰 것이다.

✓ 설명의 유의할 점
• 한 번에 한 가지 사실만을 이해시켜야 한다.
• 말하고자 하는 바를 적당히 반복한다. 특히 중요한 부분을 반복함으로써 청
  자의 주의 분산을 막고, 이해를 돕는다.
• 화자의 수준에 맞는 용어를 선택하고 지나치게 전문적인 내용을 피한다.
• 청중의 특성에 맞는 실례를 활용한다.
• 내용을 개인에 적용하여 극화한다.
• 청자의 질문을 허락하여 충분히 이해하도록 한다.
• 도표, 도해, 회화, 사진 등 시각 재료를 활용한다.
• 실연이나 동작을 활용한다.
• 정확한 결론을 내리거나 요약한다.

(2) 보고 기능

▨ 보고의 목적

관찰자, 경험자, 실험자, 견문자가 어떤 사실이나 경험, 인상, 사실 등에 대하여 정
리된 형식으로 발표하는 말하기를 보고라 한다. 정보를 제공한다는 측면에서는 설명

과 흡사하나 보고의 경우, 특히 일정한 형식을 갖추어야 한다. 말하기의 보고는 글쓰기에서는 보고서로 이루어진다. 보고는 말하기 훈련 형식으로도 적합하다. 내용을 논리적으로 구성하여 타당한 결론이나 전망, 해결책 등을 끌어내야 하므로 사고력 증진 및 말하기 능력 함양에 좋다.

보고의 3요소

- 진실하고 성실한 자세: 성실한 자료 수집, 관찰, 조사, 연구, 인용 표시
- 독창적인 내용: 독창적인 관점, 참신한 아이디어, 발전 계획 등을 제공
- 정연한 형식: 정확한 양식, 표기, 구성

보고의 요령

- 보고할 내용에 대한 분명한 이해
- 신중한 재료 선택
- 청자가 흥미를 잃지 않도록 하는 내용 구성
- 권위자의 의견이나 이론과 자신의 의견을 분명히 구별할 것
- 독단을 피하고 섣부른 결론을 내리지 말 것
- 설득을 구할 뿐 동의나 의견의 일치를 요구하지 말 것
- 메모를 읽기보다는 대화하듯이 할 것
- 쉬운 표현을 쓸 것, 시각 재료를 활용할 것
- 수집한 재료들을 통해 예상할 수 있는 타당한 결론 도출
- 전망, 문제의 해결 방안 등을 제시

(3) 설득 기능

설득은 두 가지 이상의 견해가 존재하여 논쟁의 가능성이 있는 상황에서 일어난다. 따라서 모든 토론에서 사용하는 말하기는 설득적인 말하기이다. 예를 들면, 화자

는 부활을 믿는데 청자는 믿지 않는다거나, 화자는 안락사를 살인 행위로 간주하는데 청자의 대부분은 상황에 따라서 정당화될 수 있다고 생각한다거나 하는 경우가 그 예이다. 이러한 견해 차이는 정반대로 나뉘어 대립할 때도 있고, 정도의 차이가 있을 수도 있다. 바로 이렇게 양자 간에 견해의 차이가 있을 때 바로 설득의 필요성이 제기되는 것이다.

또한 설득은 청자로 하여금 화자의 의도대로 행동하도록 하는 목적을 갖고 있다. 이런 측면에서 볼 때, 설득은 청자에게 어떤 정책의 수립, 상품의 구매, 태도의 변화 등 행동 변화를 유발할 수 있다. 토론에서 상대방을 설득하는 것이나, 판매원이 구매자를 설득하여 물건을 사게 하는 일이 상통하는 것이다.

설득에는 설명의 기법을 효과적으로 사용하기도 한다. 설득은 청중의 태도나 가치관의 변화를 요구하므로 청중의 저항과 도전에 직면하기 쉽다. 이럴 때 공격적인 말하기만으로 일관하면 안 된다. 청자의 납득에 도움이 되는 설명의 기법을 보충할 필요가 있다. 따라서 설득은 말하기 중에서 가장 어렵고 복잡한 것이라고 할 수 있다. 그러나 화자의 견해에 대해 청중의 반대가 격렬하더라도 그 중 소수라도 납득시킬 수 있다면, 그 설득은 성공한 것이라고 볼 수 있다.

자기의 주장에 대하여 근거를 밝혀 상대를 납득시키는 일을 논증이라고 한다. 곧 논증은 설득의 중요한 방법론이다. 토론에서든지 상품 판매에서든지 상대방을 설득하고자 한다면 자기의 주장에 적절한 논거를 드는 것이 필요하다. 토론에서라면 각종 사실 자료와 소견 자료들을 준비해야 할 것이며, 상품 판매에서라면 제품의 장점, 구매해야만 하는 필요성 등 구매자를 납득 시킬 각종 자료들이 필요할 것이다. 또한 상품 판매에서는 판매자의 의도대로 물건을 사주도록 설득해야 하므로 '상품과 화자' 둘 다에 대한 신뢰감도 좋은 논거가 될 수 있다.

토론에서의 설득

논증이 설득의 가장 중요한 수단이 된다.

● 설명과 설득의 비교

－설명: 제공하는 정보에 대한 독자의 이해가 중요하다.

－설득: 분명한 주장과 명확한 근거가 중요하다.

예시 설명

사람의 일생은 매우 사소한 일로 말미암아 좌우되는 일이 많다. 일생을 판가름하는 계기는 큰 사건이나 전쟁 같은 것에서도 찾을 수 있지만, 얼핏 보기에는 아무것도 아닌 듯한 일들이 우리의 한평생을 운명 짓고 마는 일도 허다하다는 말이다. 유명한 소설가 모파상은 그의 <목걸이>라는 단편에서 이 점을 예리하게 형상화하였다. 가짜 목걸이를 진짜로 착각한 일, 곧 그 순간적인 사소한 잘못으로 말미암아 젊은 부부가 실로 10년이란 세월을 갖은 고초 속에서 보냈던 것이다. 이런 비극은 우리의 삶에서 얼마든지 있을 수가 있다. 어렸을 때 순간적인 부주의로 실족하여 불구자가 되어 일생을 한숨과 눈물로 보내는 일, 사소한 말다툼으로 살인까지 불러일으키는 일 등을 우리는 아주 흔히 볼 수가 있다.

예시 설득

나는 사람의 운명이 매우 사소한 일로 좌우되는 일이 허다하다고 본다. 물론, 여러 가지 큰 사건이 계기가 되어 우리의 운명이 판가름되는 수가 없는 바 아니지만 그보다는 오히려 대수롭지 않은 일로 일생이 좌우되는 수가 많다고 보는 것이 나의 견해이다. 어렸을 때 순간적인 부주의로 실족하여 일생을 불구자로 지내는 사람의 경우, 사소한 말다툼 끝에 주먹이 오고 가다가 살인까지 불러일으키는 비극 따위가 얼마나 많은가. 프랑스의 소설가 모파상은 <목걸이>라는 단편에서 이러한 인간 운명의 비극성을 예리하게 형상화하고 있다. 아니 일생을 무참히 허송하는 경우를 그 작품은 보여 주고 있다. 이러한 사례들은 인간의 운명이 사소한 일로 말미암아 결정되는 비극이 많다는 사실을 입증하고 있는 것이다.

상품 판매에서의 설득

상품 판매에서의 말하기도 설득이 주된 방법이기 때문에 객관 타당한 근거가 필요하기는 토론에서와 마찬가지이다. 또한 판매할 상품에 대한 상대의 신뢰감을 확보하는 것도 중요하다. 상품 판매에서는 구매자가 구매를 통해 육체적, 정신적으로 얻을 수 있는 혜택이 무엇인지에 대해 언급하는 것도 좋은 설득 방법이다. 아래의 두 가지 예시 중에서 어느 것이 더 설득적인지 생각해 보자.

예시 1

이 석유 보일러는 아주 효율적인 난방 기구입니다. 댁에서 지금까지 써 온 헌 연탄보일러보다 이점이 아주 많습니다. 사신다면 저희는 쉽게 곧 설치해 드립니다. 물론 이 보일러를 설치하기 위해서는 일단 댁의 지하실 연탄 창고에 쌓인 연탄을 치워야 합니다. 아마도 부엌을 통해서 밖으로 내 놓아야 할 것입니다. 그리고 기름 탱크를 설치하려면 문으로 들어오기가 힘들 것 같군요. 그렇더라도 지하실 벽에 구멍을 뚫으면 될 테니 상관없습니다. 그러나 이 작업은 그리 어려운 일은 아닙니다. 또 한 가지 문제는 앞뜰의 잔디를 파헤치고, 도랑을 만들어 파이프를 묻고, 오일을 통하게 하는 것입니다. 그리고 다음이 자동 온도조절기입니다만, 이를 설치하기 위해 방벽에 전선을 넣어야 하고 그러려면 벽에 구멍을 뚫으면 되겠습니다. 이것 역시 쉽게 할 수 있습니다. 이상의 공사를 모두 마치는 데 이틀이면 족합니다. 그런데도 비용은 50만원밖에 안됩니다.

예시 2

댁에서 지금 쓰고 계시는 연탄보일러는 연탄가스는 물론이거니와, 집안이나 지하실에 날리는 먼지와 연탄재를 생각하신다면, 정결함, 안전성 등에서 석유 보일러와는 비교가 안 됩니다. 석유는 먼지가 없을 뿐만 아니라, 큰길 유조차에서 곧바로 집안으로 공급할 수도 있습니다. 그리고 기름 탱크는 작아서 지금까지 쌓아 놓은 연탄이 차지한 자리의 반만 쓰면 충분하며, 연탄 가루와 같은 먼지가 없기 때문에 지하실에 이제는 빨래를 널어도 좋을 것입니다. 또 석유 보일러는 조용하고, 안전하며, 물론 연탄보일러처럼 때 맞춰 연탄을 갈 걱정도 없습니다. 온도 조절기는 어디나 편리한 곳에 붙일 수 있으며, 필요시 쉽게 불을

⠿ 논증의 정의

논증이란 의견이나 주장을 내세움에 있어 납득할 만한 합당한 근거를 대는 일이다. 다시 말하면, 자신의 주장에 대하여 그 확실성 또는 개연성을 확립할 수 있는 근거를 제시하는 일이다. 이때의 근거를 논거(principle of proof)라고 한다.

● **논증의 3요소**
－의견: 화자는 옳다고 믿지만 사실 여부가 불확실한 생각
－주장: 지지받을 수 있는 의견
－쟁점: 주장 중에서 의견 충돌을 일으킬 수 있는 명제나, 사실 혹은 생각

● **사실 논거**
－실험적 사실(실험 결과로 얻어진 자료)

> 예시

체중 조절은 건강 유지의 기본 조건이다. 실험 결과에 따르면 평균 체중보다 10% 가량 가벼운 사람이 가장 사망률이 낮다. 평균 체중보다 10% 무거울 때 남자에게는 11%, 여자에게는 7%의 수명 감소를 가져온다. 이러한 실험 연구 보고는 우리가 체중 조절을 위하여 힘써야 할 것을 말해 준다.

－자연 법칙에 따른 사실: 확고부동한 자연 법칙

> 예시

• 물체는 아래로 떨어진다.
• 물은 섭씨 100도에서 끓는다.

－보편적으로 인정되는 사실: 누구나 받아들일 수 있는 일반론

> • 인간은 사회적 동물이다.
> • 사람은 언어를 갖고 있다.
> • 생물은 자체 생성력을 갖고 있다.

－역사적 사실: 역사적으로 널리 알려졌거나 입증된 자료

● 소견 논거

제3자의 증언이나 서술에 따라 사실로 인정할 만한 자료, 소견 자료는 그 신빙성의 유무에 따라 좋은 논거가 되거나 되지 못한다.

－목격자의 증언: 신빙성이 가장 중요하다.

－경험자의 증언: 경험자의 말이나 기록, 역시 신빙성이 중요하다.

－전문가 또는 권위자의 의견: 신빙성이 높은 편이다.

● 논증에 나타나는 오류

－모호한 용어 적용: 어떤 말을 정확하게 정의하지 않았을 때 생기는 오류

> 공산주의자는 마르크스주의를 신봉한다. 그리고 그것을 믿고 실천한다. 따라서 공산주의 국가에도 종교의 자유가 있다고 할 수 있다.

－성급한 일반화: 개별 사실을 전체에 확대 적용하여 생기는 오류

> 김 선생의 의견은 그르다. 민 선생의 의견도 그르다. 따라서 선생들의 의견은 그르다.

-오분석: 구성 성분에 대한 그릇된 판단으로 생기는 오류

> 이 물체는 자동차이다. 자동차를 분해하면 엔진과 차체로 나뉜다. 따라서 엔진과 차체는 자동차이다.'

-순환 논증: 순환 정의에 의해서 생기는 오류

> 이것은 위대한 그림이다. 왜냐하면 모든 훌륭한 미술 평론가가 평하고 있기 때문이다. 훌륭한 미술 평론가란 이런 위대한 그림을 평가하는 사람이다.

-우연의 적용: 일반 규칙을 특수한 경우에 잘못 적용하여 생기는 오류

> 동물은 본능대로 산다. 사람은 동물이다. 따라서 사람은 본능대로 산다.

-역우연의 적용: 특수한 사실에서 일반적인 사실을 이끌어 냄으로써 생기는 오류

> • 나는 음식을 먹고 병을 앓았다. 그러므로 음식은 해로운 것이다.
> • 나는 산에 갔다가 크게 다쳤다. 그러므로 산은 갈 데가 못된다.

-논점 일탈: 어떤 의견의 논리적인 잘못을 따지지 않고 무관한 문제를 들어 핵심을 흐리는 오류

> • 그 학설은 보나마나 별 볼일 없는 것이다. 그 학설을 말한 사람은 이름도 알려져 있지 않으므로……
> • 그 사람의 말은 사실이 아닐 것이다. 그 사람도 그 문제와 관련이 있기 때문에……

−인신공격: 상대의 인격, 지위, 종교, 사생활, 사고방식 등을 언급

- 여자가 집 안에서 빨래나 잘 할 일이지, 사회 문제에 대해 왜 자꾸 떠드는 거야.
- 나이도 어린 놈이, 무엇을 안다고 진리 운운하는 거야!

−대중 감정에 호소: 대중의 감정에 호소하여 인정을 구하는 오류

여러분! 내가 이것을 주장한다고 해서 내 개인에게 이익이 되는 것은 조금도 아닙니다. 다만 저 불쌍한 동포들, 헐벗고 굶주리는 사람들을 돕고자 하는 데 근본 취지가 있습니다.

−잘못된 인과 관계: 원인과 결과를 잘못 결부지어 생기는 오류

- 오늘 일이 실패한 것은 아침에 뱀을 보았기 때문이다.
- 자동차 사고가 난 것은 첫 손님으로 안경 낀 사람을 태웠기 때문이다.
- 어떤 사람이 약국에서 산 약을 먹고 사흘 뒤에 죽었다. 그는 틀림없이 그 약 때문에 죽었다.

(4) 오락 기능

즐거움은 인간이 원하는 가장 보편적인 것이다. 말하기에서도 화자는 상대의 즐거움을 충족시켜 줄 적절한 장치를 마련하고 있어야 한다. 그러나 실제로는 많은 사람들이 이 점을 소홀히 생각한다. 이는 우스갯소리를 하는 것이 스스로 실없는 사람으로 보일 수 있다고 생각하기 때문이다.

오락은 그 자체가 말하기의 목적이 되기보다는 다른 말하기의 목적을 달성하는 데

적절히 삽입되는 것이다. 말하자면 말하기에서 유머나 오락적인 요소는 분위기를 고조시킬 수 있는 양념과 같은 역할을 한다. 양념 중에서도 소금에 비유하면 적절할 것이다. 음식을 만드는데 소금이 없으면 맛이 없다. 말하기에도 이것이 없으면 말맛이 너무 건조해질 수 있다.

소금을 너무 많이 넣은 음식도 원래의 음식 맛을 잃을 수가 있다. 적당한 양의 소금이 음식을 감칠맛 나게 하듯이 말하기에서는 적절한 오락적 요소가 들어갈 때에 말하기에 좋은 맛이 돌게 된다고 할 수 있다.

말하기를 유쾌하게 이끌어 갈 수 있는 것이라면 모두 오락적 요소가 될 수 있다. 그러나 이것은 주제의 이해를 돕는 경우도 있지만, 기분 전환의 의미를 지니는 경우가 많다. 오락적 말하기의 여러 형태에는 아래와 같은 것들이 있다.

－과장(exaggeration)
－동음이의어(pun) 활용
－빈정대기
－해학
－불의의 역전
－역설(paradox)
－방언이나 음성 모사
－동문서답
－불손한 언행
－음담패설

1. 자신의 전공 분야 중 관심 있는 내용을 골라 5분 동안 설명하는 말하기를 해 보자. 반드시 다음 설명의 방법을 한 가지라도 사용하도록 하자.

   • 설명의 방법: 정의, 비교, 대조, 분석, 구분, 분류

   ....

   ....

   ....

   ....

   ....

   ....

   ....

   ....

   ....

2. "선거에 반드시 투표하자."는 주장을 가지고 근거를 마련한 뒤 청중을 설득하는 말하기를 5분 동안 해 보자.

   • 주장:

   ....

   ....

   ....

   ....

   ....

   ....

   ....

• 근거:

....

....

....

....

....

....

....

3 누가 더 청중을 웃길 수 있는가를 겨루는 5분 말하기를 해 보고 웃음을 주는 이유를 적어 보자.

• 웃음을 주는 이유:

....

....

....

....

....

....

....

....

....

말하기의 절차

이 장에서는 실제 말하기에 임하기 위해서 반드시 수행해야만 하는 절차들에 대하여 살펴보려고 한다. 이러한 절차는 크게 자신감 갖기, 말하기의 목적 결정, 청자 및 정황 분석 등 말하기의 '준비 단계', 주제 선정 및 화제 정하기, 자료의 수집, 말하기 구성, 연습 등의 내용 '선정 단계', 그리고 실제 말하기가 이루어지는 '실연 단계'로 나눌 수 있다.

01 | 준비 단계

(1) 공포감의 극복

성공적인 말하기를 위해서 화자에게 필요한 것은 자신감이다. 그러나 청중 앞에 서면 떨리지 않는 사람이 별로 없다. 말하기는 처음에는 어느 정도 두려움과의 싸움이라고 해도 좋다. 많은 사람들이 젊은 시절 이 두려움 때문에 말하기에서 조금은 아쉬웠던 기억들을 갖고 있다. 그러나 세월이 흐를수록 두려움은 그 크기가 작아지고,

말하기를 어렵게 만든 가장 큰 원인이 두려움이 아니라는 것을 깨닫게 된다.

　말하기 공포감이란 과연 무엇인가? 말하기의 진행에 장애가 되는 두려움이다. 이 두려움이 생기면 말하는 사람의 신체에 이상 반응이 온다. 교감 신경이 흥분하여 아드레날린이 분비되고 심장의 박동이 빨라지며 모세 혈관이 수축하여 혈압이 상승한다. 이에 따라 성문 근육이 긴장하여 음성이 고조되고, 말의 속도도 빨라진다. 가슴이 두근거리고 입술이 떨리기도 하며, 식은땀이 나고 얼굴이 달아오르기도 한다. 눈이 뿌옇게 흐려져 청중은 잘 보이지 않고 무의식적으로 시선을 한 곳에 집중하지 못하거나 다리를 떨거나 주머니에 손을 넣었다 뺐다 하는 등 산만한 행동들이 나타난다. 이러한 공포감은 혼자 있을 때는 나타나지 않고, 말하기를 위해 청중을 대면하는 상황이나 연단에 설 때만 발생한다. 이런 증상이 가장 빈번하게 발생하는 시기는 보통 14~15세의 사춘기 시절이다. 그러나 30대를 지나면서 그 발생 빈도가 급격히 낮아진다고 한다.

　말하기 공포감을 일으키는 가장 큰 원인은 화자 자신이 갖고 있는 그릇된 생각에 있다고 한다. 이 공포감은 실제로 어떤 공포를 주는 문제가 발생해서가 아니라 다른 사람들 앞에서 서서 말할 때 화자 자신의 모습이나 성공에 대한 스스로의 잘못된 판단에서 비롯한다고 한다. 말하기 공포감이 발생하는 시기가 주로 청소년기라는 것도 이와 관련이 있다. 아직 육체적, 정신적으로 미성숙한 시기에 낯선 환경에 대한 불안감이 이러한 증상의 발생을 촉진하는 것이다. 또한 공포감을 자주 느끼는 사람들은 의외로 완벽주의자거나, 높은 이상주의자이다. 이 사람들은 항상 모든 일에 성실하게 임하고 열심히 노력하지만, 자신의 실수나 결함에 대해서는 관대하지 않으며 일의 성과에 대한 스스로의 기대치가 높다. 어떤 점에서는 모범적이고 본받을 만한 품행의 소유자들이다.

　말하기 공포감의 치료에 대해서는 여러 가지 의견이 있지만, 이런 증상 자체를 치료해야 할 질병으로 생각하지 않는 견해가 우세하다. 다른 사람 앞에 서서 말하는 것이 다소 수줍은 일이고, 가슴이 뛰고 떨리는 일이기는 하지만, 그것은 매우 자연스러운 일이지 질병이 아니라는 것이다. 따라서 이러한 공포감은 특별한 치료를 하지 않아도 대개 30대에 이후에는 좋아지는 것이 특징이다.

증상에 대한 치료 그 자체보다는 오히려 증상의 의미를 바로 이해하는 것이 중요하다. 이것을 통찰 요법이라고 부르는데, 말하기 공포감을 일으키는 자신의 잘못된 생각을 교정하는 것이 치료법이라면 치료법이다. 이것은 공포감에서 오는 증상이나 불안감을 완전히 없애자는 것도 아니다. 오직 그러한 증상이 지극히 정상적인 것이며, 오히려 더 잘하려고 하고, 높은 성취를 얻으려는 노력에서 비롯하는 것이므로 장점이 될 수도 있다는 사실을 깨닫게 하는 것이다. 곧 증상을 없애려는 것이 아니라 받아들이도록 하는 것이다. 이러한 증상은 다소간에 차이는 있을지라도 누구에게나 있는 것인데, 자기만이 과민하게 받아들이고 있었다는 사실을 깨닫게 된다면 금방 모든 것이 달라진다는 것이다. 말하자면 '인식의 전환'이다. 자신이 지금까지 확신하고 있던 신체적 결점이나, 이상적인 의식, 관계에 대한 염려나 망상이 모두 사실이 아니고, 어디까지나 심리적 허구에서 비롯된 착각이었음을 자각하는 것이 바로 공포감의 극복이다.

(2) 준비의 의미

모든 일의 실패는 두려움보다는 준비 부족에서 온다. 청중이 무서워서 좀 떨었더라도, 성실하게 준비한 내용을 열심히 제시한 말하기는 결코 실패했다고 할 수 없다. 두려움을 잊고 자신감을 회복하는 것도 중요하지만 오히려 철저한 준비가 더 중요하다. 말하자면 '자신감 갖기'란 '철저하게 준비하기'이다. "생각은 적게 하고 실천은 많이 하라."는 격언이 있다. 두려움이란 자신에게 다가 올 일에 대해서 미리서 지나치게 걱정하는 데 원인이 있다. 발표나 토론, 강의 등의 말하기를 앞두고 있다면 걱정만 하지 말고 곧바로 세밀하고 완벽하게 준비해야 한다. 말하기의 목적을 정하고, 청중에 대해서 조사하고, 말하기와 관련한 모든 정황들을 파악하고, 주제를 선정하고, 주제를 뒷받침할 화제나 예시들을 마련하고, 효과적으로 전달하는 연습을 해 보는 등 여러 가지 준비할 사항들이 있다.

종종 말하기를 준비하는 것을 암기하는 것으로만 생각하는 사람이 있다. 물론 암기할 내용도 있다. 그러나 준비한 내용을 모두 다 암기할 수는 없다. 아무런 보조적인 시청각 자료를 사용할 수 없는 말하기라도 모든 내용을 암기하여 말할 수는 없다.

내용을 이해하고 다른 사람에게 자연스럽게 전달할 수 있도록 소화하는 것이 준비의 좋은 방법이다. 보조적인 시청각 자료들을 사용할 수 있을 경우에는 말할 내용과 이들 자료를 적절히 관련지어서 이해한 뒤, 효과적으로 전달한 방법을 준비한다면 자연스러운 말하기를 해 낼 수 있다.

(3) 말하기의 목적 결정

어떤 말하기가 결정되면 목적도 이미 정해진 것이나 마찬가지다. 교양 강좌를 해야 할 사람이라면 주로 지식과 정보를 주겠다는 목적을 수립해야 할 것이며, 어떤 회사의 투자를 위한 현지 조사를 의뢰받은 사람이라면, 보고의 목적을 갖게 될 것이다. 또한 외판원으로서 상품을 판매해야 하는 사람이라면, 어떻게 소비자를 설득하여 자기의 제품을 구매하게 할 것인가를 고민해야 할 것이며, 토론에 임하는 사람이라면 논쟁의 승리를 위한 타당한 근거와 논리를 준비하여 상대자를 설득해야 할 것이다. 물론 이러한 모든 말하기 목적을 수행하는 데에는 재미나 감명을 주는 일도 소홀히 다룰 수 없다. 오직 오락만을 위한 프로그램에서 말하게 되거나, 미담이나 체험담을 발표하게 된다면 교훈이나 감동을 주는 것이 말하기의 중요한 목적이 될 것이다.

(4) 청중 및 정황 분석

청중 분석은 자신의 말하기를 들을 청자들에 대한 정보를 수집하는 일을 말한다. 우리는 말하기에 앞서 자신이 말하게 될 대상이 누구인가를 꼭 알아야 한다. 청자가 직장의 동료인가, 상사인가, 손님인가 등에 따라서 말하기의 내용이나 방식은 크게 달라질 것이기 때문이다.

말하기에서 청중에 대한 분석은 불필요하게 발생할 수 있는 오해와 갈등을 없앤다는 점에서 중요하다. 예컨대, 어떤 종교인들이 압도적으로 많은 집단이 청중일 때 그들의 종교를 비판할 필요는 없을 것이다. 또한 극단적으로는 이들 청중에 대한 분석을 하지 못함으로써 그러한 상황이 발생한다면 아무리 좋은 내용을 말한다고 해도 청중들이 이해하려 하지 않을 것이다. 이런 일들을 예방하기 위한 청중 분석 사항에는 다음과 같은 것들이 있다.

- 연령
- 성별
- 교육 정도
- 직업
- 경제적 수준
- 정치적, 사상적 경향
- 종교적 색채
- 화제에 대한 청자의 지식
- 화제에 대한 청자의 태도
- 청중의 최대 관심사
- 화자에 대한 청중의 태도
- 화자에 대한 청중의 기대
- 청중의 수

한편, 정황 분석이란 말하기와 관련된 주변적 상황들에 대한 정보를 수집하고 분석하는 것을 의미한다. 이러한 정황 분석도 말하기 준비 단계에서 충분한 여유를 갖고 이루어져야 한다. 정황 분석은 화자가 언제 어떤 상황에서 말하게 되는지에 대한 배경지식이 된다. 정황 분석이 필요한 사항들은 다음과 같다.

- 어떤 목적의 회합에서 말하게 되는가?
- 언제부터 언제까지 말하게 되는가?
- 말하기를 해야 하는 집단에 특별한 규칙과 관례가 있는가?
- 어떤 의식 순서를 가진 회합에서 언제 말하게 되는가?
- 말하기가 이루어지는 장소의 분위기와 환경은 어떠한가?

02 | 내용 선정 단계

(1) 주제 설정

주제를 정하고 화제를 마련하는 일은 말하기의 목적과 깊은 관계가 있다. 그리고 주세 설정은 말하기의 절차상으로 매우 중요한 단계이다. 의도한 주제의 전달이야말로 말하기의 궁극적인 목적이기 때문이다.

주제의 정의, 주제의 요건, 주제의 배열 등의 내용은 일반 글쓰기에서의 것과 흡사하다. 다만 말하기를 위한 작업이기 때문에 모든 내용이 구두 말하기를 전제로 준비되어야 한다. 따라서 주제를 선정하는 과정에서 실제 말하기를 상상하면서 적절한 비언어적 요소들에 대해서도 함께 고려하는 자세를 가져야 한다.

주제(theme, main idea)의 개념

주제는 중심 생각으로서 말하기를 통해서 전하고자 하는 궁극적인 메시지이다. 하나의 주제는 하나의 문장으로 나타낼 수 있다.

주제 설정 시 고려 사항

- 말하기의 목적
- 시간, 장소, 장면, 분위기 등의 정황
- 화자 자신의 지식, 관심사, 신조, 경험 등
- 청자의 흥미와 관심
- 효용성

주제의 요건

–말하기의 목적에 부합해야 한다.

–사상, 주장이 명확해야 한다.

–말하기의 중점이 되어야 한다. 모든 자료가 주제를 뒷받침해야 한다.

–한정적인 주제여야 한다.

–주어진 정황에 어울려야 한다.

(2) 화제(topic)의 배열

화제란 넓게는 주제와 같은 개념이지만, 좁게는 주제를 뒷받침하기 위하여 도입하는 메시지들을 가리킨다. 글쓰기에서 소주제와 유사한 개념인데, 말하기의 주제가 되는 메시지를 드러내는 데 필요한 작은 메시지들을 담고 있다. 화제는 적절한 순서로 배열되어야 효과적으로 주제를 뒷받침할 수 있다. 아래는 말하기에서 주제와 화제의 관계를 보여주는 예시이다.

예시

> **주제: 청소년 문제의 실상을 보여 주고
> 사회적인 대책을 강구할 것을 주장한다.**
>
> **화자 소개:** 자신의 신상, 말하게 된 동기, 청중과 교감할 내용 등
>
> 화제(1) 청소년 문제의 실상, 주제의 제시
>   작은 화제(1) 청소년의 음주–실례, 향락 업체의 청소년 출입
>   작은 화제(2) 청소년의 흡연–고등학교의 화장실 흡연 실태, 여학생의 흡연
>   작은 화제(3) 청소년의 성범죄–사례 보고
>   작은 화제(4) 청소년의 약물 복용–마약, 본드, 환각제 등의 복용 실태 제시
>
> 화제(2) 청소년 문제의 원인
>   작은 화제(1) 가정환경과 청소년 문제

작은 화제(2) 사회적 환경과 청소년 문제

작은 화제(3) 학교 교육과 청소년 문제

화제(3) 청소년 문제의 해결책

작은 화제(1) 교육 제도의 혁신

작은 화제(2) 청소년을 위한 공간의 확보

작은 화제(3) 새로운 가치관 확립

작은 화제(4) 사회적 애정과 관심

작은 화제(5) 유해 환경의 제거

화제(4) 주제의 강조 / 요약 정리

— 화제(1)-주제 소개 단계, 화제(2)(3)-전개 단계, 화제(4)-결어 단계

(3) 자료의 수집

말하기의 목적에 알맞은 주제를 정하고 이를 뒷받침할 화제들을 마련하였다면, 실제 말하기에서 활용할 자료들을 수집하고 정리해야 한다. 수집한 자료들은 내용을 분석한 후 주제와 부합하는 것들을 가려서 자신의 말하기에서 설명 자료나 근거 자료로 활용할 수 있도록 정리해야 한다.

▓ 청자의 지적 반응을 유발하는 데 필요한 자료의 내용

－사상의 주입

－통계의 제시

－논리적 관계 규명

－학설의 수립

－원칙의 수립

■ 청자의 정서적 반응 유발하는 데 필요한 자료의 내용

　－일화
　－명구, 격언
　－체험담
　－주제와 관련된 감동적 사례

■ 자료의 원천

　－자신의 경험, 지식, 정보
　－전문가의 조언이나 주장
　－문헌, 잡지
　－관공서, 단체·기관 등의 통계 자료, 주보, 월보, 지도, 인명록, 도록 등의 제반
　　간행물

■ 자료의 정리 요건

　－통일성의 유지: 주제를 드러내는 데 기여
　－효과적 배열: 메시지의 전달에 용이한 배열
　－양적 안배: 제한된 시간의 고려, 중요성에 따라 시간 배분

■ 자료 정리 요령

　－주제별 목록을 만들어 둔다.
　－정보 출처를 정리해 둔다. 출판물의 제목, 저작자의 이름과 발행자, 쪽수, 발행
　　일, 만약 출판일 등 정보를 포함한다.
　－자료가 언제 기록되었는지, 언제 발행되었는지에 대해 표시해야 하고, 원 출처의
　　의도가 손상되지 않도록 주의해야 한다.

-관련 있는 추가 정보들도 정리해 둔다. 자료의 저작자에 대한 정보, 자료를 발행
한 기관의 성격 및 기타 의미 있는 상세 사항들을 포함한다.

(4) 줄거리의 작성

말하기 목적에 알맞은 주제와 화제가 마련되고, 자료들을 준비하여 말하기의 내용
을 결정하였다면, 실제 말하기를 개략적으로 나타낼 수 있는 줄거리를 작성하여야
한다. 줄거리는 말할 내용들의 순서를 정하고 효과적으로 배열하는 데 도움을 준다.
또한 말하기 전개상의 혼란이나 궤도 이탈을 방지하는 기능을 한다. 줄거리를 작성
하지 않고 말하게 되면 꼭 필요한 내용이 누락되거나 불필요한 내용이 중복되는 문
제가 발생할 수 있다. 줄거리는 말하기 내용을 체계화하고 말하기 전개의 길잡이 역
할을 하는 것이다.

줄거리의 양식

-항목 열거식: 말할 화제들의 항목을 나열하는 방식으로 초보자에게 알맞다.
-요약문식: 단계별 내용을 요약 정리하는 방식이다. 내용을 충분히 이해하여 조
리 있게 전하는 데 도움이 된다.
-분석식: 기본적으로 도입, 전개, 결어 순으로 말하기의 내용을 정리하는 방식이
다. 내용을 체계적이고 논리적으로 전달하는 데 적합하다.

줄거리의 작성의 요건

-화자 자신을 소개하는 단계가 있어야 한다.
-주제를 소개하는 단계가 있어야 한다. 말하기의 도입 단계에서 주제나 쟁점을
제시하여 청자의 이해를 돕고 집중력을 강화할 수 있어야 한다.
-말하고자 하는 바의 주제를 본격적으로 전개하는 단계가 있어야 한다.
-말하기를 정리하는 단계가 있어야 한다.

03 | 실연 단계

(1) 청중 접촉 단계

실제 말하기 상황에서 가장 먼저 이루어지는 일은 청중과 만남이다. 이 만남이 이루어지는 단계를 청중 접촉 단계라고 부른다. 이 단계에서는 화자는 청중과 우호적인 분위기를 조성하는 것이 중요하다. 청중이 화자에 대해 호의적인 태도를 보일 때 화자는 자연스럽게 자신의 말하기 속으로 청중을 끌어들일 수 있다.

▓ 청중의 주의 집중과 신뢰 확보

말하기에 임하는 화자라면 누구라도 청중이 시종일관 자신의 이야기에 주의를 집중해 주기를 바랄 것이다. 물론 군대와 같은 권위적인 집단에서는 강제로 청중의 주의를 집중시키는 경우도 있을 것이다. 그러나 대부분의 말하기에서 청자의 주의 집중은 청중의 호기심을 유발하거나, 청중이 긴장감을 잃지 않도록 유도하는 화자의 능력에 좌우된다.

청중이 메시지를 분명하게 이해하도록 하기 위하여 명료하게 말하고, 선택한 자료를 적절히 배분하여 활용하는 것은 청중의 주의를 집중시키는 좋은 방법이다. 때로는 그림을 그리듯이 묘사력을 발휘하기도 하고, 구체적인 실화, 실례 등을 적절히 활용하거나 비교, 대조 등의 방식을 씀으로써 내용이 지루하지 않게 하여 청중의 마음을 사로잡아야 한다. 또한 이야기의 구성을 단순 명료하게 하여 청중이 큰 노력을 기울이지 않고도 이야기 속으로 빠져들게 해야 한다. 청중의 머릿속이 혼란스럽지 않도록 이야기의 진전 상황을 반복적으로 확인시켜 줄 필요도 있다.

청중이 화자가 말하는 동안 시종일관 긴장감을 잃지 않도록 하는 것도 중요하다. 야구 시합에서 만루 상황에 등장한 대타를 보며 관중은 숨을 죽이고 마음을 졸인다. 뒤이어 펼쳐질 결과를 기다리는 관중과 같은 마음을 갖도록 청중을 유도해 간다면 그 말하기는 성공할 수밖에 없다. 이야기에 동작을 삽입한다든지, 시의 적절한 유머로써 분위기를 고조시키는 것도 청자의 주의를 집중시키는 데 좋은 방법이다.

성공적인 말하기가 되기 위해서는 청중이 화자에게 신뢰감을 가져야 한다. 따라서 화자는 자신에 대하여 청중이 신뢰감을 갖도록 충분히 배려해야 한다. 청중은 화자의 주장이나 사상을 수용하기에 앞서 화자가 믿을 만한가 그렇지 않은가를 무의식적으로 따진다. 청중은 화자의 정직한 말에 신뢰감을 갖는다. 모든 청중이 화자의 의견에 전폭적인 지지를 보내지는 않더라도 정직하다는 평가를 받을 수 있는 화자라면, 청중은 그를 신뢰하게 된다.

화자가 주어진 문제에 관한 한 권위자라는 인상을 주는 것도 청중의 신뢰감을 얻는 좋은 방법이다. 그러나 권위를 앞세우기보다도 겸허한 인간미를 겸비하고 있을 때 더 많은 신뢰를 얻을 수 있다. 겸손한 사람에게 청중은 호감을 갖게 되며, 이러한 호감은 화자에 대해 신뢰감을 높이는 밑거름이 된다. 또한 청중에게 필요한 것, 청중들에게 관련되는 내용을 중심으로 이야기를 진행한다면, 청중에게는 만족감을 주고 아울러 신뢰감도 확보할 수 있을 것이다.

청자 접촉 방법

- 일반적인 인사를 한다.
- 청자에게 호기심을 일으킬 뉴스나 이야기를 말한다.
- 흥미 있는 이야기나 유머를 말한다.
- 청자 누구나가 공통으로 인상 깊게 아는 것부터 말한다.
- 중대한 뉴스나 현장 사태에 대해 언급한다.
- 저명 인사의 말이나 문헌을 인용한다.
- 청자가 심리적 반응을 일으킬 수 있는 질문을 던진다.
- 시각 자료를 보여줌으로써 호기심을 유발한다.
- 화자의 개인적인 사정을 이야기한다.
- 역사적 사건과 관련된 이야기를 한다.

(2) 주제 소개 단계

　주제 소개 단계는 말하게 된 경위나 목적을 밝히고, 주제의 가치를 알리며, 청중과 주제 사이의 관련성을 부각시키는 단계이다. 청중이 화자에 대해서 대략적으로 파악하는 것은 청중 접촉 단계에서 이루어지지만, 화자가 다룰 내용에 대한 파악은 주제 소개 단계에서 이루어진다. 청중 접촉 단계가 화자에 대한 첫인상이 드러나는 단계라면, 주제 소개 단계는 청중이 화자가 말하는 내용에 대해 첫인상을 갖게 되는 단계이다. 곧 내용 도입 단계이다. 따라서 이 단계에서는 특히 주제의 가치나 청중과 주제의 관련성을 부각시킴으로써 내용에 대한 청중의 지지와 관심을 얻는 것이 중요하다.

(3) 전개 단계

　전개 단계는 주제를 뒷받침하기 위하여 준비한 실례의 제시, 증명, 학설의 정립, 인과 관계의 규명 등이 실제로 이루어지는 단계이다. 따라서 전개 단계는 전체 말하기의 가장 핵심적인 부분이다. 전체 말하기의 과정에서 내용의 분량이나 소요 시간이 가장 많은 단계이기도 한다. 도입 단계나 결말 단계에서 너무 많은 시간을 빼앗겨서 전개 단계가 충실하지 못하다면 말하기가 좋은 평가를 받을 수 없다.

　설명이나 보고의 목적으로 말할 때에는 전달하는 내용을 이해시키기 위해 각종 자료를 활용한 설명, 예시, 정의, 시범, 그리고 필요한 경우 청중의 연습 등의 행위들이 전개된다. 설득을 목적으로 말할 때에는 각종 논거를 도입하여 자신의 주장을 논증하고, 상대방의 주장이나 견해의 문제점을 알려주거나 반박하여 납득시키는 일련의 과정이 전개된다. 한편, 오락의 목적일 때에는 여러 가지 유머나 재치 있는 화제들을 활용하여 말하기에서 화자와 청중 사이에 활력을 불어넣고 여유와 감동과 즐거움을 함께할 수 있도록 전개해야 한다. 요컨대, 말하기의 목적을 달성하기 위하여 가장 효과적인 말하기 방식들을 도입하여 청중에게 의도한 내용을 충분히 전달하는 것이 전개의 기본 요령이다.

(4) 결어 단계

    결어 단계는 말하기를 끝맺는 단계이다. 결어 단계에서는 지금까지의 논점을 정리하고 최후의 열변을 토한다. 또한 다루어진 내용에 대한 기대 효과나 예후를 말하고, 여운을 남기면서 말하기를 맺는다.

<u>1</u> 5분 말하기 주제를 여러 가지로 정하여 보자.

<u>2</u> 위 1에서 정한 5분 말하기의 주제 중 하나를 골라서 분석식으로 줄거리를 작성하여 발표해 보자.

제4장

대화

01 | 대화 기술

현대 사회는 고도의 첨단 기술을 기반으로 분업화, 전문화가 이루어진 시대이다. 그리고 현대 사회에서는 많은 사람들이 생존을 위해 치열하게 경쟁하고 있다. 이러한 사회에서는 필연적으로 사람들 간의 관계가 무엇보다도 중요한 문제가 된다. 생존의 기본적인 문제들을 해결하기 위해서 다른 사람과 협력해야 하며 전문 지식을 갖춘 직업인으로 살아가기 위해서 타인으로부터 지식과 기술을 배우기도 해야 한다. 사람들이 이렇게 스스로의 생존과 발전을 위해서 남과 관계를 맺으며 살아갈 때, 그 관계를 발전시키고 유지하는 수단이 바로 대화이다. 그리고 이 대화를 잘 하는 기술이 대화 기술이다.

현대 사회에서는 다른 사람과 좋은 관계를 맺는 것이 성공적인 삶의 지표가 된다. 대화는 남과 좋은 관계를 맺는 수단이 된다. 말하기가 인간의 내면적 상태와 의도를 전달하는 가장 효과적이고, 강력한 의사소통의 도구이기 때문이다. 따라서 성공적인 삶을 위해서는 생활에 필요한 대화 기술들을 잘 이해하고 있어야 한다. 좋은 대화 기술은 자신과 타인의 삶에 에너지가 되고, 사람의 삶을 성공으로 이끄는 안내자가 되며, 궁극적으로는 살맛나는 사회를 만드는 원동력이 되는 것이다.

생각해 보기	다른 사람과 의사소통 할 때, 자신의 말하기 수준은 어느 정도라고 생각하는가?	
	1. 매우 잘 한다.	
	2. 아주 잘 하는 편이다.	
	3. 보통이다.	
	4. 아주 못하는 편이다.	
	5. 정말 못한다.	

말하기는 말하는 사람의 정보, 지식, 사상, 감정 등을 음성 언어를 통해서 표현하는 기술(skill)이다. 의사소통을 잘 하는 것은 이러한 기술을 익힘으로써 이루어질 수 있다. 대화는 화자와 청자가 일상적으로 서로 마주 대하여 말을 주고받는 일이다. 단순히 말을 주고받는 것처럼 보이지만 대화는 어떻게 하느냐에 따라서 대인 관계의 성공과 실패를 좌우할 수 있다. 그러므로 개인적인 대인 관계에서는 물론이고, 공적인 대인 관계에서도 대화 기술이 필요하다. 대화가 인간의 삶 전체를 움직이는 추진력이 되기 때문이다.

인간관계에서 대화 기술의 중요성은 여러 사람의 말 속에서도 찾아 볼 수 있다. "조심성 있는 혀는 최대의 보물이며, 사리 판단을 할 줄 아는 혀는 최대의 기쁨이다."고 한 헤시오도스의 말이나, "대화에서 침묵도 위대한 화술이다. 자기 입술을 닫을 때를 아는 사람은 바보가 아니다."라고 한 하드리트의 말은 대화에 적절한 방법론이 있음을 시사하는 것이다. "언어는 존재의 집이다."라는 철학자 하이데거의 말처럼, 대화가 없이는 살 수 없는 인간의 삶에서 대화를 잘 해 내는 기술들에 대한 이해와 학습은 필수불가결하다.

1. 대화할 때, 가장 힘들고 어렵다고 생각하는 것들은 무엇인가? 자신의 생각을 써 보자.

2. 대개의 사람들은 아주 가까운 사람들과의 의사소통 단절 때문에 힘들어 한다. 의사소통을 단절시키는 행동을 하는 상황과, 의사소통의 걸림돌은 무엇이며 그 의도는 무엇인가에 대해서 생각나는 대로 써 보자.(부모 자녀 사이, 부부 사이, 친구 사이 등)

   1) 부모 자녀 사이

     –상황:

     –의사소통의 걸림돌:

     –의도:

   2) 부부 사이

     –상황:

     –의사소통의 걸림돌:

     –의도:

   3) 친구 사이

     –상황:

     –의사소통의 걸림돌:

     –의도:

(1) 소통과 불통

대화하는 이유

우리는 대화 없이는 사회생활을 영위할 수 없다. 대인 관계에서 대화를 함으로 화자와 청자가 서로 감정을 함께 나눌 수 있고, 이해를 구할 수 있으며, 더욱 성장할 수 있는 발판을 만들 수 있다. 또한 대화를 통해 사람은 자아와 타아 개념을 형성하며, 자신의 정체성을 발견할 수 있고, 삶에 걸림돌이 되는 많은 문제들을 원만하게 해결해 나갈 수 있다. 이것이 진정한 의미의 소통이다.

대화하지 못하는 이유

대인 관계에서 원만한 대화를 하지 못하게 되는 이유도 많다. 가치관의 차이, 문화적 차이, 비판적 태도, 침묵, 끊임없는 수다, 인색한 관용 의식, 무분별한 감정의 노출, 기계적이고 바쁜 일상, 세대 차이, 충돌에 대한 두려움, 소재의 빈곤 등 수없이 많은 요인들이 대화의 훼방꾼이 될 수 있다. 대화가 단절되면, 숱한 오해가 발생하고, 사실이 아닌 추측과 억측이 난무하기도 한다. 결국에는 오해로 인해 생긴 적대감으로 인간관계가 파괴되는 경우에까지 이를 수 있다. 불통이 바로 삶의 질을 떨어뜨리는 것이다.

> **생각해 보기**
>
> 사회생활에서 대화를 방해하는 요인 중, 자신과 깊은 관계가 있다고 생각하는 항목을 정하고, 그 이유를 써 보자.

(2) 대화를 잘하기 위한 지침

대화는 우리 삶의 중요한 일부이다. 대화를 잘 하면 생활에 활력이 생기고, 좋은 생각을 나눔으로써 성공적인 삶을 살 수 있다. 그러나 대화의 통로가 막히게 되면 모든 대인 관계에 장벽이 생기고, 그동안 좋았던 감정들이 분노와 적대감으로 변할 수도 있게 된다. 우리가 다른 사람을 인정하고 나 자신을 다른 사람에게 인정시킬 수 있는 때는 대화를 하는 순간이다. 대화는 우리 삶의 일부분이므로, '대화의 기술이 곧 삶의 기술'이라고 해도 좋을 것이다.

대화를 잘 하는 가장 기본적인 방법은 '부정적인 대화'를 피하고, '긍정적인 대화'를 하는 것이다. 모든 대화를 부정적인 태도, 부정적인 화제, 부정적인 평가 따위로 이끌어 갈 때, 상대에게서 절대로 긍정적 반응을 일으킬 수 없다.

'상황에 적합한 대화'를 하는 것도 좋은 대화 기술이다. 기분이 나쁘고 슬픔이 가득한 사람과의 대화에서 자신만을 추켜세우는 거만한 대화나, 주어진 대화 환경에 어울리지 않는 대화는 상호 이해와 신뢰에 도움이 될 수 없다. 오히려 대화의 단절을 가져오고, 청자에게 불필요한 오해와 나쁜 감정이 생기도록 할 수도 있다.

생각해 보기	대화할 때, 아래 항목에 해당하는 것들에 대한 자신의 생각과 실제 경험을 말해 보자.
1. 부정적인 대화	
2. 긍정적인 대화	
3. 적합한 대화	

(3) 대화의 차원

－제1차원의 대화(입술의 말): 정보 전달 차원의 말이나 상투적인 말을 사용

- ○○ 씨한테 전화가 왔습니다.
- 정말 옷이 멋있네요.

－제2차원의 대화(머리의 말): 자신의 생각을 말하는 것

- 내 생각에는 당신이 ○○ 씨를 닮은 것 같아요.

－제3차원의 대화(가슴의 말): 자신의 감정을 표현하는 말

- 그 말씀 진심으로 감사합니다.
- 네가 와 주어서 정말 고맙다.

－제4차원의 대화(영혼의 말, 심층 심리의 말): 칭찬과 격려로 영혼을 살리는 말

- 너를 볼 때마다 힘이 생긴단다.
- 그대는 백합처럼 순결하고 아름다우십니다.

1차원 대화에서 4차원 대화까지를 인간관계에서 사례를 찾아 적어 보자.	
대화의 차원	사　례
1차원 (입술의 말)	
2차원 (마음의 말)	
3차원 (가슴의 말)	
4차원 (영혼의 말)	

(4) 효과적인 의사 전달법

대화는 단순히 언어로만 이루어지지 않는다. 미국 UCLA대학 알버트 멜라비안교수에 따르면, 대화에서 단어가 발휘할 수 있는 영향력은 약 7%이고, 청각적 요인이 38%, 그리고 비언어적 표현이 55%를 차지한다고 한다. 결국 '무엇을 말하는가?'하는 것보다 '어떻게 말하는가?', '어떻게 보일 수 있는가?'라고 하는 문제가 대화에서 중요한 의미를 갖는다고 볼 수 있다.

⬛ 효과적인 의사 전달의 요소

  −무엇을 말하는가?(word, 대화의 내용)

  −어떻게 말하는가?(voice, 목소리의 고저, 장단, 강약, 음색 등의 준언어)

  −어떻게 보일 수 있는가?(body language, 얼굴 표정, 몸짓, 복장, 시선 등)

생각해 보기	효과적인 의사 전달 요소 중 청자의 자각 정도를 적고 말해 보자.	
	1. 무엇을 말하는가? 　(대화의 내용)	
	2. 어떻게 말하는가? 　(목소리의 고저, 장단, 강약, 음색 등)	
	3. 어떻게 보일 수 있는가? 　(얼굴 표정, 몸짓, 복장, 시선 등)	

(5) 대화의 전제

　바람직한 대화를 위해서는 항상 긍정적인 인생 태도가 전제되어야 한다. 바른 마음을 갖고 대화에 임해야 하며, '평등한 대화'가 아니라 '공평한 대화'가 되도록 해야 한다.

> • **시간(Time)**: 인간에게는 신체적 시간(피로, 배고픔, 불안함 등)을 느끼는 시간
> 이 있기 때문에 이때는 부정적인 대화를 나누지 말아야 한다.
> • **장소(Place)**: 대화의 최적 거리가 필요하다.(대화 거리: 45~120cm)
> • **기회(Occaision)**: 적당한 기회와 상황에 맞춰 대화하는 것이 효과적이다.

(6) 대화의 원리

기본 원리

－개방적 대화
－긍정적 인정 자극
－적극적 경청(황금률)

경청의 지침(Norman Wright)

－상대의 말을 들을 때, 적극적인 태도를 보인다.
－상대의 말에 깊이 동감한다.
－현상을 있는 그대로 다 받아들인다.
－상대를 의식하면서 듣는다.

경청에 방해가 되는 요소

－자신을 방어하는 태도
－어떤 사람에 대해 가지고 있는 편견이나 태도
－자신의 마음속에 있는 고민거리
－상대방의 말을 중간에서 가로채는 것

경청의 십계명(Norman Wright)

-미리 판단하지 마라.

-자신의 생각을 덧붙이지 마라.

-자신이 들은 것이 타인이 이야기한 것의 전부라고 생각하지 마라.

-타인의 이야기를 다른 곳으로 유도하지 마라.

-타인이 어떤 말을 하든지 마음을 닫지 마라.

-타인의 말을 끝까지 들어라.

-말하는 사람이 이야기해 준 것 이외에는 다른 의미로 해석하지 마라.

-타인이 이야기하고 있는 동안에 미리 타인에게 대답을 하거나 아니면 타인에게 줄 대답을 준비하지 마라.

-타인이 말을 올바르게 고쳐 주는 데 두려움을 갖지 마라.

-대화자들은 공평하게 서로의 말을 들어줘라.

생각해 보기	다른 사람들과 대화 할 때, 경청에 방해가 되는 또 다른 요소에 대하여 아는 대로 적어 보자.

▓ 솔직하게 자기를 표현하는 대화

상대방과의 원만한 관계를 이루기 위해서는 상대에 대한 칭찬과 격려가 중요하지만, 솔직하게 자기를 표현하는 대화도 필요하다. 따라서 자신 있게 '나'라고 하는 단어를 사용하는 것이 바람직하다. 그러나 말을 많이 하지 않으면서도 마음을 움직일 수 있도록 하고, 자신의 이야기가 상대방에게 상처를 주지 않도록 하는 것이 중요하다.

생각해보기	바람직하고 적절한 대화에 대해 자기 경험담을 말해 보자.
가장 인상 깊었던 경험담	
말하고 난 후, 후회했던 경험담	

▓ 소통 능력 기르기

바람직한 인간관계를 갖고자 하는 것이 현대인의 관건이다. 그러나 이러한 목표를 가지고 있으면서도 어떻게 소통할 것인가에 대해서는 잘 알지 못한다. 특히 남성들은 여성들에 비해서 정서적인 측면에서 소통 능력이 부족하다. 남성들은 '남성적이어야 한다.'라는 오랜 관념과 인습의 틀에 갇혀 있는 경우가 많다. 인간관계를 잘 해내고 소통 능력을 갖기 위해서 남성들은 여성들의 인간관계나 말하기 방식을 배울 필요가 있다. 소통 능력이 향상됨에 따라 긍정적인 정서도 함께 성장할 수 있다.

남성의 정서	
여성의 정서	

03 | 효과적인 대화를 위한 대화 분석

(1) 대화 분석이란

우리의 일상 속에서는 하면 할수록 좋은 말하기도 있지만, 하면 할수록 고통을 주는 말하기도 있다. 대화 분석이란 '구조 분석에 따라 명확해진 자아 상태에 대한 이해를 근거'로 해서 일상생활 속에서 주고받는 말이나 행동, 태도 등을 분석하는 것을 말한다. 대화를 분석하는 목적은 대인 관계에 있어서 자신이 타인에게 어떤 대화 방법을 취하고 있는가, 또 타인은 자신에게 어떤 관계로 작용하고 있는가를 학습함으로써 자아의 상태에 대해 깊이 자각하게 하려는 것이다. 아울러 상황에 따라 자아 상태를 스스로 의식적으로 적절하게 통제할 수 있도록 하려는 것이다.

(2) 대화 분석의 유형

상보 교류

발신자가 기대하는 대로 수신자가 응답해 가는 교류를 말한다. 곧 상보 교류는 발신자와 수신자가 상호 보완적 기능을 하는 교류이다. 따라서 상보 교류가 이루어지게 되면 발신자와 수신자의 의사소통은 계속될 수 있다.

> **예시**
>
> 발신자(아들): 엄마! 애들이 막 때려요.
> 수신자(엄마): 누가 우리 아들을 때리니? 어디 아프니?
>
> ➡ 대화를 계속 이어 가 볼 것
> 발신자(아들): ________________________________
> 수신자(엄마): ________________________________

교차 교류

발신자가 기대한 대로 수신자가 응답하지 않고, 예상 밖의 응답이 일어나는 교류를 말한다. 따라서 교류는 교차되고, 결과적으로 의사소통이 단절될 수밖에 없다.

> **예시**
>
> 발신자(영자): 지금 몇 시 쯤 되었니?
> 수신자(숙자): 그 정도는 네가 알아보지 그래?
>
> ➡ 대화를 계속 이어 가 볼 것
> 발신자(영자): ________________________________
> 수신자(숙자): ________________________________

표면상으로 말한 것 이외의 뜻이 숨겨져 전달되는 교류를 말한다. 인간관계에서 모든 교류는 사회적, 심리적 수준을 갖는다. 그러나 이면 교류는 사회적, 심리적 두 수준이 어긋나게 전달된다. 따라서 이면 교류의 행동 결과는 사회적 수준에서 결정되는 것이 아니라 심리적 수준에서 결정된다. 그러므로 의사소통이 잘 되기 위해서는 생각하는 화성인의 태도가 되어야 한다. 생각하는 화성인의 태도란 언어보다는 비언어적 단서에 대한 관찰이 의사소통에 더 도움이 된다고 생각하는 것이다.

예시

발신자(길자): 너 참 날씬해졌는데~(속뜻: 살 좀 빼지 그래?)
수신자(서현): 아니야. 네가 훨씬 더 날씬 하잖아~(속뜻: 날씬하긴 너보다 내가 더 날씬하지.)

➡ 대화를 계속 이어 가 볼 것
발신자(길자): ____
수신자(서현): ____

대화 분석 시 의사소통의 규칙

대화 분석을 할 때에는 의사소통의 규칙을 지켜나가면 효율적이다.
- 의사소통 제1규칙: 교류가 상보적이면 의사소통은 끝없이 계속될 수 있다.
- 의사소통 제2규칙: 교류가 교차되고 의사소통이 결과적으로 단절되면 한쪽 또는 양쪽은 의사소통을 재정립하기 위해 자아 상태를 변화시킬 필요가 있다.
- 의사소통 제3규칙: 이면 교류의 행동 결과는 사회적 수준에서 결정되는 것이 아니라 심리적 수준에서 결정된다.

(3) 대화 분석 활용법

▦ 상보 교류의 활용

　바람직한 대화는 상보 교류에서 시작해서 상보 교류로 끝나도록 하는 것이 좋다. 이때 상보 교류가 잘 되기 위해서는 상대의 말을 경청해야 한다. 그리고 상대의 말을 솔직하게 수용하고, 솔직하게 되돌려 줄 수 있어야 한다. 또한 상대의 말을 긍정하고 반복하면서 서두르지 말고 음미해 보는 것도 좋은 활용법이 될 수 있다.

▦ 교차 교류의 활용

　바람직한 대화에서는 원칙적으로 교차 교류는 하지 않는 것이 좋다. 오히려 우리가 살아가는 세상에서 평상시에 교차 교류를 어떻게 하고 있는지 반성해 볼 필요가 있다. 그러나 생산성 없는 상보 교류가 계속될 때나, 최종 결과를 생각해서 필요하다고 생각할 때는 교차 교류를 하는 것도 바람직하다고 할 수 있다.

▦ 이면 교류의 활용

　바람직한 대화를 원만하게 계속하려면 발신자의 말보다는 이면에 숨겨진 의도를 알아야 한다. 그러나 의사소통 능력을 향상시키는 데에는 이면 교류가 적절하지 않다. 이면 교류를 많이 사용하게 되면 부정적인 교류가 많아져서 대인 관계를 악화시킬 가능성이 많다는 것을 알아야 한다.

<table>
<tr><td rowspan="7">생각해보기</td><td colspan="2">생활 현장에서 자신과 타인이 나눈 상보 교류, 교차 교류, 이면 교류의 사례를 3개씩 들어보자.</td></tr>
<tr><td>교류</td><td>사　　례</td></tr>
<tr><td>상보</td><td>1.
2.
3.</td></tr>
<tr><td>교차</td><td>1.
2
3.</td></tr>
<tr><td>이면</td><td>1.
2.
3.</td></tr>
</table>

04 | 대인 관계의 성공을 위한 대화 전략

(1) 대인 관계의 발전

사람은 너나없이 사람들 속에서 살아간다. 새로운 사람을 만나는 것이 두렵다고 해서 사람을 만나지 않고 살 수도 없고, 사람을 사귀는 것이 어렵다고 해서 사람 사귀는 것을 포기할 수도 없다. 인간은 혼자서는 살아갈 수 없는 존재이므로 어떤 사회에서도 사람과의 관계를 떠나서 살 수 없다. 그러므로 사람과의 관계가 소중하다. 내가 선택할 수 없는 부모님이나 자녀와의 인간관계나 주위의 사람들과의 관계를 점검하고 살피며 발전시킬 필요가 있다. "우리가 해야 할 일은 먼 곳에 있는 희미한 무엇을 보는 것이 아니라 명확하게 보이는 가장 가까운 곳에 있는 일을 바로 실행하는

것이다."라는 윌리엄 오슬러의 말을 참고하자. 가장 가까운 주변 사람들과 관계 발전
이 우리가 성공하는 길이다.

<table>
<tr><td>생각해
보기</td><td>현대인들의 갈등은 대화 부재에서 비롯된다고 한다. 직장 상사가 매우 까다로운 사람인 경우가 있다. 별로 중요하지도 않은 일로 요구가 많을 때, 충분한 시간을 주지도 않으면서 바삐 일처리를 요구할 때, 어떤 대화를 통해서 이 문제를 해결할 수 있을 것인지에 대해서 자신의 생각을 말해 보자.</td></tr>
</table>

1. 별로 중요하지도 않은 일로 요구가 많을 때:

2. 충분한 시간을 주지도 않으면서 바삐 일처리를 요구할 때:

(2) 성공적 대화 전략

교양 있는 사람으로 멋있는 삶을 살려면 다른 사람과 잘 통하는 방법을 알아두는
것이 바람직하다. 다른 사람과 잘 통하기 위해서는 먼저, 첫 대면에서부터 대화를 잘
이끌어 갈 수 있어야 한다. 둘째, 처음 만났을 때 화제를 잘 이끌어서 상대방이 관심
을 갖게 하는 것도 중요하다. 셋째, 단점을 보기 전에 미리 상대의 장점을 파악하고
칭찬해 주는 것도 바람직하다. 넷째, 대인 관계에서 최고의 적은 비판이다. 따라서
대인 관계를 할 때는 논쟁적인 어조를 피하는 것도 중요하다.

성공적인 대화 전략 중, 갈등을 해결하는 방법으로는 바꾸어 말하기(환언, 換言)의 방법이 있다. 바꾸어 말하기는 상대가 한 말을 내 방식대로 다시 말해보는 것인데, 중요한 문구나 문장을 말한 사람이 한 그대로 반복해 줌으로 상대에 대한 신뢰를 높여나갈 수 있다. 환언하는 예를 보고, 실제로 자신이 어떤 갈등을 해결하고자 할 때, 어떻게 말하기 할 것인가에 대해서 생각해 보자.

예시

발신자: 나는 그 문제가 복잡해서 도저히 같이 할 수가 없을 것 같습니다.
수신자: ① 선생님께서는 그 문제가 복잡해서 같이 하실 수 없다는 말씀이신가요?
② 제가 제대로 들었는지 확인해 볼게요. 선생님께서는 그 문제가 복잡해서 같이 하실 수 없다는 말씀이시지요?

(3) 대화 전략의 기본 사항들

―사람은 이 세상의 무엇보다도 자기 자신에게 관심을 가지고 있다.

―사람은 누구나 자기를 중요하다고 생각하고 있다.

―사람은 상대방의 인정을 받음으로써 자신을 내세우려고 한다.

―굶주린 자아는 비열한 자아다.

―자존심의 만족으로 우호적인 사람이 된다.

―자기애가 없으면 타인에게 우정을 베풀지 못한다.

―낮은 자존감을 없애야 한다.

―상대방과 관계가 좋으면 인간관계도 반드시 좋아진다.

―사람은 누구나 자신의 자아를 높이기 위해서 행동한다.

(4) 대화 전략의 장애 요인

　 −자신의 성격
　 −잘못된 대화 기술 습득
　 −미숙한 기본기

<table>
<tr><td rowspan="4">생각해 보기</td><td colspan="2">대화 전략의 장애 요인 중 자신이 대화에 실패했던 요인으로 인해서 어떤 결과가 나타났던 가에 대해서 분명한 생각을 말해 보자.</td></tr>
<tr><td>1. 자신의 성격</td><td></td></tr>
<tr><td>2. 잘못된 기술 습득</td><td></td></tr>
<tr><td>3. 미숙한 기본기</td><td></td></tr>
</table>

(5) 대인 관계 개선을 위한 대화법

▨ 상대방을 조정할 수 있는 대화의 첫걸음

사람은 자신에 대해 중요성을 갖고 있으며, 다른 사람들도 자신의 존재를 인정받기를 원하기 때문에 의식적으로든 무의식적으로든 상대방에게 좋은 인상을 심어 주고 싶은 유혹이 동시에 존재한다.

상대방을 조정하기 위한 대화의 첫걸음에서 가장 중요한 것은 자신만 아는 말투가 있다는 것이다. 제임스 터버(James Thuber)는 "대화의 정확성은 중요하다. 우리 시대에는 더욱 그렇다."라고 했는데, 악의에 찬 감정이나 행동을 보이면 상대방도 악의에 찬 감정이나 행동을 반드시 돌려보내게 된다는 사실을 알아야 한다. 또한 스스로 열의 있는 태도를 보이며, 자신감 있는 말투와 자신에 찬 목소리로 말하면 상대방의 신뢰를 얻을 수 있다.

생각해 보기

어떤 일이 자신에게 불리하거나 못마땅할 때, 치밀어 오르는 분노를 조절하기 위해서 어떤 말투를 사용했고, 그래서 상대방에게 어떤 인상을 심어주었다고 생각하는지 자신의 견해를 밝혀 보자.

◈ 상대방이 내 편이 되게 하는 전략

우호적인 분위기를 만들고 첫인상을 중시해야 하며, 내 중심의 평가 기준을 앞세우지 않고, 상대가 나에게 좋은 인상을 주고 있다는 것을 상대방이 알 수 있도록 하는 것이 좋다. "가장 나쁜 거짓말은 진실에 가까운 거짓말이다.(앙드레 지드)"의 말처럼 부정적인 의견이나, 부정적인 분위기를 만들지 않도록 하고, 상대로부터 긍정적인 답을 원하면 부정적인 질문을 해서는 안 된다. 혹시라도 귀찮은 문제가 예상되는 질문 따위를 피하는 것도 상대방에게 좋은 인상을 심어주는 방법이 될 수 있다.

－쌍방이 모두 최초의 행동을 두려워해서는 안 된다.
－상대방이 우호적으로 대해 줄 것이라는 생각을 가지고 행동한다.
－지나치게 열망하거나 초조해지지 않도록 주의한다.
－상대방이 틀림없이 당신을 좋아하게 될 거라는 확신을 가지고 여유 있게 대화한다.
－상대방의 감정에 감동을 줄 수 있는 순수한 웃음을 짓는 수련을 한다.

<table>
<tr><td>생각해
보기</td><td>상대가 내 편이 되게 하는 대화 전략 중 자신이 실행하기에 가장 쉽게 생각하는 항목을 정해보고, 그 실천 방안에 대해서 생각해 보자.</td></tr>
</table>

◈ 대인 관계를 성공하기 위한 칭찬 전략

"사람은 자신의 말로 자기의 얼굴을 보여주는 것이다."는 애머슨 말처럼 대인 관계의 가장 큰 무기는 칭찬이다. 마음에서 우러나오는 칭찬은 상대방의 에너지를 해방시켜 정신적, 육체적으로 활기를 불어 넣어 준다. 칭찬은 마법처럼 상대의 자존심을 높여줄 수 있고 행동 목표를 향상시켜 주게 된다. 하루 세 번쯤 칭찬의 마법을 이용하면 자신의 행복뿐만 아니라 모든 대인 관계에서도 성공할 수 있다. "칭찬 한마디로 두 달을 행복하게 살 수 있다.”라고 마크 트웨인이 말한 것을 보면 칭찬은 우리에게 수많은 열매를 거두게 하는 효과가 있음을 알 수 있다.

보충 칭찬할 때의 원칙

진심으로 마음으로부터 우러나는 칭찬을 한다.
상대방의 행위나 좋은 점을 칭찬한다.

예시

숙자 씨, 당신의 안색이 요즘 몹시 좋아졌군요.(○)
철수 씨, 당신은 최고로 멋진 우수한 사원입니다.(×)
(　　) 씨, 당신의 이번 보고서는 매우 인상적이었어요.(○)
(　　) 씨, 당신의 스타일은 정말 멋있고, 아름답군요.(○)
(　　) 씨, 당신은 정말 멋있고, 아름답군요.(×)
(　　) 씨, 당신 차는 정말 멋지군요.(○)
(　　) 씨, 이런 차를 타고 다니시다니 당신은 정말 위대한 사람입니다.(×)

생각해 보기 칭찬을 받았을 때와 칭찬을 했을 때 나타난 결과에 대해서 생각한 바를 말해 보자.

1. 칭찬받았을 때:

2. 칭찬했을 때:

성공적인 대화 전략 실천 방안

　성공적 대화 전략은 교육이나 개개인의 능력 차별화를 말하는 것이 아니다. 대화 전략은 어떤 관계를 맺게 되는 사람과의 관계에서 생각한 바를 내가 어떻게 성공적으로 이끌어 낼 것인가 하는 방법을 알고, 이것을 실천하는 과정이다. 따라서 다음과 같은 전략을 세우고 실천하는 것이 바람직하다.

- 대화 전략을 세우고 매일 실천한다.
- 간단한 질문이나 알기 쉬운 화제로 대화하는 훈련을 계속한다.
- 상대와 쉽게 대화하는 법을 익힌다.
- 흥미를 갖게 할 수 있는 질문법을 익힌다.
- 직접적으로 상대와 관계 될만한 것을 화제로 삼는다.
- '나도…' 테크닉을 활용한다.('나' 전달법)
- 꼭 필요한 경우에만 자신의 이야기를 한다.
- 재미있는 이야기는 많이 하지만, 조롱하거나 비꼬는 말을 하지 않는다.

생각해 보기	성공적인 대화 전략 실천 방안 중, 다음의 요령으로 대화 일기를 작성하는 방법이 있다. 실천 내용을 구체화해 보자.		
연 월 일	대화 전략	실천 내용	
2013년 ○월 ○일	칭찬 열 가지	참 멋지시네요. / 정말 든든해 보여요. /이렇게 좋은 일만 하시니 복 받으시겠어요./다이어트에 성공하셨군요. 정말 보기 좋아요. 등등	
2013년 ○월 ○일	'나' 전달법	네가 전화를 안 받으니까 나는 네게 무슨 일이 생겼는가 걱정하게 된단다.	

(6) 다양한 대화 사례

🔡 요청 대화

어떤 문제나 갈등을 풀어나갈 때, 자세하게 설명할 필요는 없다. 긍정적인 방법으로 요청을 통해서 문제를 해결하고 행동을 변화시킬 수 있다.

> **예시**
>
> 발신자: 엄마가 몸이 피곤한데, 네가 가서 밥을 좀 챙겨와 줄래?
> 수신자: 예, 제가 가서 할게요. 좀 쉬셔요.
> 발신자: 고맙다. 엄마를 많이 사랑해줘서 정말 고맙다.

🔡 '나' 전달법 사용

토마스 고든(Thomas Gordon)이 창시한 의사소통법이다. 상대방의 행동에 대해서 '내가 어떻게 느끼는가'를 말함으로써 초점을 바꾸어 주는 의사소통법이다. '나' 전달법은 다음과 같은 요령을 갖고 사용하는 것이 바람직하다.

- 어떤 행동이나 상황을 있는 그대로 말한다.
- 상황에 대해서 느끼는 바를 말한다.
- 이유를 말한다.
- 원하는 바를 구체적으로 말한다.

시험 날짜가 다가왔는데, 아이가 공부를 하지 않고 컴퓨터만 계속하고 있을 때, '나' 전달법을 어떻게 사용하는지 아래 예문을 잘 살펴보고, 다른 예화를 들어서 '나' 전달법으로 대화를 구성해 보자.

예시

> 상황: 다음 주가 시험인데 컴퓨터만 계속하고 있으니까
> 상황에 대해서 느끼는 바: 네 성적이 떨어질 것 같아서
> 이유: 엄마는 너무너무 걱정이 된단다.
> 원하는 바를 구체적으로: 그래서 엄마는 네가 컴퓨터를 끄고 공부했으면 좋겠다.

보충 효과적인 '나' 전달법 사용상 유의점

- 문제가 내게 있을 때 사용
- 정중하게 요구했지만, 상대방의 행동에 변화가 나타나지 않을 때 사용
- 화날 때, 사용하는 것은 오히려 역효과를 나타낸다.

부부 대화의 실제

영역	내용
갈등을 풀기 위한 과정의 부부의 행동 양식	• 회피 • 설득적인 말다툼과 항복 • 겉돌기 • 양보 • 협동

자기 배려	• 자신의 감각적 정보: 내가 무엇을 보고 들었는가?
	• 자신의 사고: 무슨 일이 일어나고 있다고 생각하는가?
	• 감정: 내가 어떻게 느끼는가?
	• 소망: 내가 원하는 것은 무엇인가?
	• 행동: 내가 무엇을 할 것인가?
	내가 지금까지 무엇을 해 왔는가?
갈등 해결	• 1단계: 확인. 정의
	• 2단계: 문제를 풀기 위한 계약
	• 3단계: 문제 이해
	• 4단계: 소망 확인
	• 5단계: 대안 탐색
	• 6단계: 대안 선택
	• 7단계: 행동 계획 검토
	• 8단계: 실천 결과 평가
부부 대화 유형	• 일상적인 생활이나 일 중심의 말하기와 건성으로 듣기
	• 통제적으로 말하기와 폭력적 반응으로 듣기
	• 탐색적으로 말하기와 탐색적으로 듣기
	• 솔직하게 말하기와 경청하며 듣기

퇴근할 때쯤 남편에게 전화했을 때, "일찍 들어갈게."라는 말을 믿고, 맛있는 저녁을 준비하고 기다렸다면 그날 밤 부부 싸움을 할 확률이 50% 이상이 될 수 있다고 한다. 또 퇴근 후, 아내가 예쁜 옷을 입고 나오는 것을 보고 "비싼 것 샀구나?" 했더니 아내가 "이거 바겐세일 하는 데서, 아주 싸게 산 거야."라고 한다. 이 말을 믿고 '내 아내 참 알뜰하다'고 생각한다면 오산이라고 한다. 이런 예화를 들으면서 부부 간에 과연 대화가 어떻게 전개되어야 할지에 대해서 자신의 생각을 정리해 보자.

부부 대화의 걸림돌이 되는 표현

- 나는 좋은 사람이야.

- 나는 강한 사람이야.

- 나는 모든 것을 다 잘 알아.

- 나는 잘못이 없어.

- 너는 잘 하는데, 나는 부족해서 어쩌니?

- 나는 불쌍한 사람이야.

- 나는 약자라 보호 받아야 해.

생각해 보기

부부 사이 말하기의 걸림돌이 되는 표현 중 한 항목을 골라서, 그 상황을 연상해 보고, 어떻게 하면 그 상황을 더 바람직하게 만들어 갈 수 있을까를 생각해 보자.

다음의 여러 항목은 부부 대화에서 듣기를 방해하는 걸림돌들이다. 각 항목에 대한 대화 내용을 구체적으로 표현해 보자.

비교하기	
짐작하기	
대답할 말 준비하기	
걸러내기	
판단하기	
딴 생각하기	
조언하기	
언쟁하기	
옳아야만 하기	
슬쩍 넘어가기	
비위 맞추기	
동일시하기	

부부 간의 대화 기술

부부 간에는 의사소통을 방해하는 위험 신호가 있다.

－부정적인 말대꾸

－상대방의 생각, 감정 인격 무시하기

－상대방의 말에 부정적으로 추측하거나 해석하기

－전혀 상대방의 의사나 논의에 가담하지 않고 회피하기

－위험 신호가 나타나면 반드시 휴식해야 한다.(스톱원리)

－위협적인 분위기를 제거해야 한다.

－방해요인을 제거해야 한다.

－숨겨진 욕망을 잘 파악해야 한다.

－상대방에 대한 기대를 분명하게 할 줄 알아야 한다.(나 전달법)

다음 경우를 예상하면서 부부 대화 기법을 생각해 보자.	
1. 맞벌이 부부인데 남편이 일을 잘 거들어 주지 않는다고 불평이 많은 아내의 경우	
2. 직장에서 퇴근하면 말이 별로 없고 어떤 상황이 벌어져도 침묵하는 남편의 경우	

부부 갈등의 위험 요소

－비난: 상대방의 인격이나 능력을 함부로 말하고 공격하는 말하기

－경멸: 상대방을 화나게 하기 위해서 함부로 말하거나 깎아서 말하기

－자기방어: 자기에게는 아무 문제도 없다는 식으로 상대방을 공격하고 변명하는 말하기

－담쌓기: 두 사람 사이를 완전히 멀어지게 만드는 말하기나 행동

부부 갈등의 위험 요소별 대화 내용을 참고하여 빈칸에 다른 예화를 만들어 보자.		
비난	• 당신이 그러면 그렇지. • 사람이 왜 그 모양이야? 제대로 할 줄 아는 것이 하나도 없어. • 당신이 그 일을 하면 내 손에 장을 지진다.	
경멸	• 웃기고 있어. 정말 • 그게 말이라고 해? • 당신이 약속을 지킬 줄이나 아는 사람이야? • 당신이 나한테 잘해 준 게 무언데?	
자기방어	• 내가 언제 그렇게 말한 적 있는데? / 당신이 그랬지. • 알았다고 알았다니까. / 당신이나 부디 잘해. • 말 돌리지마. / 나 원래 이래.	
담쌓기	• 그만 둬. • 듣기 싫어 죽겠네. 말 좀 하지 마. • 말하는 도중에 문 열고 나가 버리기 • 라디오나 텔레비전 소리 키워 버리기	

순위	남편이 아내에게 가장 많이 하는 거짓말	아내가 남편에게 가장 많이 하는 거짓말
1위	일찍 들어갈게. 65%	이것 싼 거야(구두, 옷, 백 등). 46%
2위	당신이 이효리보다 섹시하고 예뻐. 18%	당신이 최고야. 30%
3위	지난 회식 때 내가 절대 안 쐈어. 7%	다 우리 아이들 위해서야. 10%
4위	다음 달에는 보너스 안 나온대. 4%	아버님, 어머님 용돈 드리자. 7%
기타	담배 끊을 거야. 술 안 마셨어.	
조사 인원	네티즌(1,031명)	네티즌(1,040명)

보충 대화와 관련 있는 명언 모음

- 오직 너희 말을 옳다 옳다 아니라 아니라 하라 이에서 지나는 것은 악에서 좇아 나느니라(마태복음 5 : 37)
- 네 말로 의롭다 함을 받고 네 말로 정죄를 받으리라.(마태복음 12 : 37)
- 무릇 더러운 말은 너희 입 밖에도 내지 말고 오직 덕을 세우는데 소용 되는 대로 선한 말을 하여 듣는 자들에게 은혜를 끼치게 하라.(에베소서 4 : 29)
- 경우에 합당한 말은 아로새긴 은 쟁반에 금 사과니라.(잠언 25;11)
- 너희 말을 항상 은혜 가운데서 소금으로 고르게 함 같이 하라. 그리하면 각 사람에게 마땅히 대답할 것을 알리라.(골로새서 4 : 6)
- 선한 말은 꿀 송이 같아서 마음에 달고 뼈에 양약이 되느니라.(잠언 16 : 24)
- 사특한 자는 입으로 그 이웃을 망하게 하여도 의인은 그 지식으로 말미암아 구원을 얻느니라(잠언 11 : 9)
- 죽고 사는 것이 혀의 권세에 달렸나니 혀를 쓰기를 좋아하는 자는 그 열매를 먹으리라.(잠언 18 : 21)
- 누추함과 어리석은 말이나 희롱의 말이 마땅치 아니하니 돌이켜 감사하는 말을 하라.(에베소서 5 : 4)
- 누구든지 헛된 말로 너희를 속이지 못하게 하라 이로 인하여 하나님의 진노가 불순종의 아들들에게 임하나니 그러므로 저희와 함께 참여하는 자가 되지

말라.(에베소서 5 : 6~7)

- 현명한 자는 긴 귀와 짧은 혀를 가지고 있다.(영국 속담)
- 사람이 떡으로만 살 것이 아니라 하나님의 입으로 나오는 모든 말씀으로 살 것이라.(마태복음 4 : 4)
- 마음에 가득한 것을 입으로 말한다.(마태복음 12 : 34)
- 입을 지키는 자는 그 생명을 보전하나 입술을 크게 벌리는 자는 멸망이 오느니라.(잠언 13 : 3)
- 의인의 마음은 대답할 것을 깊이 생각하여도 악인의 입은 악을 쏟느니라.(잠언 15 : 28)
- 내가 말하기를 나의 행위를 조심하여 내 혀로 범죄하지 아니하리니 악인이 앞에 있을 때에 내가 내 입에 자갈을 먹이리라.(시편 39 : 1)
- 어찌하여 내 말을 깨닫지 못하느냐 이는 내 말을 들을 줄 알지 못함이니라.(요한복음 8 : 43)
- 말을 아끼는 자는 지식이 있고 성품이 안존한 자는 명철하니라. 미련한 자라도 잠잠하면 지혜로운 자로 여기고 그 입술을 닫히면 슬기로운 자로 여기느니라.(잠언 17 : 27~28)
- 현명한 자는 긴 귀와 짧은 혀를 가지고 있다.(영국 속담)
- 위트는 우리를 지켜주는 울타리이다.(마크 반 도렌)
- 진정한 대화의 기술은 맞는 곳에서 말을 하는 것뿐 아니라, 안 맞는 곳에서 하지 말아야 할 말을 불쑥 해버리지 않는 것까지도 포함한다.
- 나중에 되삼키려 애쓰지 말고 그 순간 꿀꺽 말을 먹어버려라.(프랭클린 루즈벨트)
- 말을 줄이라는 조언은 아무리 많이 해도 부족하다.(프랭크 타이거)
- 내가 말하지 않는 것 때문에 상처받는 적은 한 번도 없다.(캘빈 콜리지)
- 분노의 가장 좋은 치료제는 지연이다.(세네카)
- 모든 논쟁은 누군가 무지하기 때문에 일어난다.(루이스 브랜다이스)
- 우리가 할 일은 과거에 대한 비난이 아닌, 미래를 위한 계획이다.(케네디)
- 인간 의사소통의 궁극적 목적은 타협이다.(스콧 팩)
- 논쟁으로 한쪽이 다른 쪽을 설득해내는 광경은 한 번도 보지 못했다.(토머스 제퍼슨)
- 막대기나 돌멩이는 내 뼈를 부러뜨릴 수 있다. 하지만 말은 마음을 무너뜨린다.(로버트 풀검)

- 말은 줄에 걸린 빨래처럼 마음의 바람에 펄럭인다.(라메슈와 다스)
- 최고의 지적 능력은 동시에 반대되는 두 가지 생각을 할 수 있는지 여부로 판단된다.(스콧 피츠제럴드)
- 자기 의지에 반하는 방향으로 설득 당했다면 그건 설득 당한 것이 아니다.(로렌스 피터)
- '할 수 없다.'는 말을 마음에서 지우라.(새뮤얼 존슨)
- 친절한 한마디는 짧지만 그 울림은 끝이 없다.(마더 테레사)
- 과장 또한 진실이다. 다만 절제를 잃어버렸을 뿐이다.(칼릴 지브란)
- 대화의 중요성은 중요하다. 우리 시대에는 더욱 그렇다. 틀렸거나 오해를 유발하는 말이 돌발 행동만큼이나 비극적 결과를 낳을 수 있다.(제임스 터버)
- 어떻게 빠져 나가야 할지 모른 채 계속 대화에 끌려가는 것은 큰 불행이다. (새뮤얼 존슨)
- 지루함을 참는 사람은 지루한 사람보다 한층 더 형편없다.(새뮤얼 버틀러)
- 세상의 절반은 할 말이 있지만 하지 못하는 사람, 나머지 절반은 할 말이 없지만 계속 말하는 사람이다.(로버트 프로스트)
- 평화를 원한다면 상대를 자극하는 말부터 그쳐야 한다.(나폴레옹)
- 나는 모든 것을 내면화하는 성향이다. 분노를 표현하지 못하는 대신 암을 키우는 것이다.(우디 앨런)
- 듣지 않는다면 배우지 않는 셈이다.(린든 존슨)
- 아무도 조언을 바라지 않는다. 사실을 확인하고 싶을 뿐이다.(존 스타인벡)
- 왜 잘못되었는지 설명하기보다는 해결하는 시간이 더 짧은 법이다.(헨리 워즈워스 롱펠로)
- 핑계를 찾지 말고 도움을 주라.(프랭크 허바드)
- 말은 파괴력을 지녔다. 서로를 어떻게 부르는지가 궁극적으로 서로를 어떻게 생각하는지 결정한다. 이는 매우 중요하다.(진 커크패트릭)
- 거짓말은 사람을 죽인다. 그 다음에 진실이 무슨 소용이 있는가?(에르만)
- 진실을 말할 용기가 부족한 사람은 거짓말을 한다.(밀러)
- 거짓말쟁이는 항상 맹세를 아끼지 않는다.(코르네유)
- 어린아이와 바보는 거짓말을 하지 않는다.(헤이우드)
- 거짓은 그 자체로서 죄악일 뿐 아니라 영혼도 죄악으로 더럽힌다.(플라톤)
- 가장 나쁜 거짓말은 진실에 가까운 거짓말이다.(앙드레 지드)
- 인생에서 무엇보다도 어려운 일은 거짓말을 하지 않고 사는 것이다. 그리고

자기 자신의 거짓말을 믿지 않는 것이다.(도스토예프스키)

- 대화에서 침묵은 위대한 화술이다. 자기 입술을 닫을 때를 아는 사람은 바보가 아니다.(하드리트)
- 사람의 눈을 둘이지만 입은 하나이다. 그것은 말하는 것의 두 배를 듣기 위해서다.(콜런)
- 사람은 비수를 들지 않고도 가시 돋친 말 속에 그것을 숨겨 둘 수 있다.(셰익스피어)
- 마음에 없는 말을 하는 것보다는 침묵을 지키는 쪽이 더 유리하다.(미셀 몽테뉴)
- 한 명의 친절한 말은 의기소침한 사람들에게 격려를 준다. 그러나 잔인한 말은 다른 사람들로 하여금 무덤에 가는 날까지 흐느껴 울게 만든다.(몰튼 쉰)
- 남들한테서 좋은 말을 듣고 싶거든 스스로 자신의 좋은 점을 늘어놓지 마라.(파스칼)
- 나는 정말 빨리 말한다. 왜냐하면 여자들은 지난 2천년 동안 말을 많이 할 수 없었고, 이제 그것을 만회해야 하니까.(페트라 켈리)
- 가장 곤란한 것은 모든 사람이 생각하지 않고 나오는 대로 말하는 것이다.(알렝)
- 경쟁심이나 허영심이 없이 다만 고요하고 조용한 감정의 교류만이 있는 대화는 가장 행복한 대화이다.(릴케)
- 성공의 비결은 남의 험담은 결코 하지 않고 장점을 들추어 주는 데 있다.(프랭클린)
- 모든 사람에게 너의 귀를 주어라. 그러나 너의 목소리는 몇 사람에게만 주어라.(셰익스피어)

1 우리 사회의 이혼율 증가가 말하기와 관련될 수 있다는 사실에 대해서 생각을 말해 보자.

2 자기 가족의 대화 실태에 대해서 솔직하게 말해 보자.

제5장

연설

01 | 연설의 정의와 특성

연설이란 연사인 화자가 다수의 청자를 상대로 정보를 전달하고, 확신과 위안을 주며, 설득하고 감동시키려는 목적으로 행하는 말하기이다. 연설은 화자와 청자의 수적 관계로 볼 때 전형적인 '일 대 다' 말하기이고, 화자와 청자의 접촉 관계로 볼 때는 대면 말하기이다. 그러나 현대의 연설은 라디오나 TV, 인터넷 등을 활용한 비대면 말하기의 성격도 갖고 있다. 대면 말하기로서의 연설은 대체로 다음과 같은 특징들을 갖는다.

- 물리적으로 접근된 상태에서 이루어진다. 곧 연설자와 청자는 같은 장소에서 근접한 거리를 유지한다.
- 연설자와 청자가 동일 목표 지향적 상호작용 속에 있는 것이 좋다.
- 메시지를 상호 교환할 수 있어야 한다. 일방적인 전달이 아니라 청자로부터 오

는 피드백을 민감하게 받아들여서 메시지를 수정하거나 보완하여야 한다.
─강약, 휴지, 성량, 속도, 제스처, 표정 등 비언어적 수단의 사용이 중요하다.
─대면성을 갖지만 매체를 활용한 원격 연설도 있다.

연설을 할 때에는 뚜렷한 목표가 있다. 일반적으로 연설 내용의 주제를 설정하고 제한된 시간 안에 그것을 청자에게 주지시켜 반응을 얻어내는 것이 연설의 목표이다. 그러한 반응이 즉석에서 직접 나타나기를 바라고 설정한 목표를 연설의 직접 목표라고 하고, 장기적으로 서서히 일어나거나 다른 반응에 어떤 영향을 끼치게 하여 달성하려는 목표는 연설의 간접 목표라고 한다.

그런가 하면 연설의 목표가 겉으로 나타나는 경우도 있고, 안으로 은폐되는 경우도 있다. 선거 유세에서 어떤 후보의 지지자가 나와서 직접 특정 후보에게 한 표를 부탁한다는 내용의 연설을 하면 전자의 경우에 해당하고, 후보 당사자가 나와 자기 정당의 업적을 찬양하고 경쟁 후보의 무능함을 비판하는 연설을 하면 후자의 경우에 해당한다. 연설을 할 때에는 그 특성을 충분히 고려하여 적절한 목표를 세워야 한다.

연설은 다른 말하기에 비해 청중에 대한 분석이 중요하다. 대개의 말하기 활동에서는 화자와 청자 간에 자유로운 의사소통이 가능하지만, 연설의 경우에는 화자와 청중의 관계가 고정되고, 화자의 의사는 직접적으로 전달되는 반면에 청중의 피드백은 간접적으로 나타나기 때문이다. 청중의 의사 표시는 일반적으로 환호와 박수, 또는 야유와 경멸이나 무관심, 연설장에서의 퇴장 등의 방법으로 나타날 뿐, 청중이 연사와 직접적으로 심도 있게 의견을 주고받기는 어렵다. 따라서 성공적인 연설을 하기 위해서는 청중의 성향에 대한 깊이 있는 이해가 필요하다.

대개의 경우 연설의 청중은 서로 비슷한 사람들끼리의 집합처럼 보이지만 조금 더 자세히 분석해 보면 이질적인 개인들의 결합한 것이라는 사실을 알 수 있다. 그 이질성은 연령, 성별, 종교, 정치, 인종, 지방색, 직업, 생활 정도, 교육 등의 차이에서 온다. 이러한 청중의 성격을 올바로 파악하고 연설에 임하는 것이 성공의 열쇠가 된다.

사람들은 연령에 따라서 구사하는 언어가 다소 다르다. 장년층은 추상적 언어를 즐기는 반면, 어린이나 노년층은 구체적 언어를 선호한다. 추상어는 의미를 함축적으로 표현하기 때문에 난해하고 쉽게 싫증을 느끼기 쉽다. 청자의 연령을 미리 파악하여 거기에 맞는 연설을 하도록 해야 한다.

청자의 성별이 남성인가, 여성인가, 또는 혼성인가도 연설에 영향을 준다. 예를 들어 여성 집단의 경우에는 감정의 외적 발산을 통한 피드백이 빠르고 과장되는 경향이 있기 때문에 연설자가 즉각적으로 응답하는 것이 좋다. 성별의 차이는 연설의 방법뿐만 아니라 주제의 선정에까지도 영향을 미치는 요소이다.

정치나 종교의 문제는 신념에 기반을 두는 것이기 때문에 청중들 사이에서도 상반된 견해가 많다. 이때에 연설자는 상호 공통된 관심사가 무엇인가를 찾아내어 제시하고, 청중이 공통적으로 직면한 문제들이 있다면 이의 해결책을 제시하여 일체감을 조성하는 것이 좋다.

청중의 인종과 지방색도 연설의 성패를 좌우하는 중요한 요인이다. 이해를 돕기 위하여 언급하는 경우가 아니라면 가능한 한 특정 인종이나 지역성을 화제에 올리는 것은 좋지 않다. 특정 지역의 종교, 풍습, 관습, 언어 등을 비판하는 것도 삼가야 한다. 인종이나 지방색의 차이로 차별적인 분위기를 가지고 있는 청중에게 연설한다면 그러한 분위기가 충동적으로 고조되지 않도록 각별히 유의하면서도 청중이 객관적이고 안정된 태도를 유지할 수 있도록 기품 있는 연설을 해야 한다.

연설의 효과를 높이는 데 청중의 직업과 생활 정도를 파악하고 있는 것도 도움이 된다. 직업에 따라서 언행 및 사고에 차이가 생기고, 생활 정도에 따라서도 당면 문제나 관심사가 다르기 때문이다. 또한 교육 수준도 직업이나 생활 정도와 마찬가지이다. 교육 수준에 따라 청중의 이해의 속도와 폭이 다르다. 청중의 교육 수준이 일정하지 않은 경우라면 평균 수준보다 조금 낮추어서 연설을 하는 것이 바람직하다. 사용하는 단어의 수준도 청자의 교육 수준을 고려하여 선택하되, 가능한 한 쉽게 이해할 수 있는 것이어야 한다.

연설의 청중은 집단과의 일체감에 강하게 몰입하는 수가 많다. 집단 내에서 개인은 자신을 전체의 한 부분이라고 여길 때 집단과의 일체감을 갖는다. 연설을 시작할 때에는 독립된 개인으로 있다가도 행동과 반응을 주고받는 연속적 행위에 빠져들면 나중에는 맹목적으로 다른 사람의 행위를 따라서 하게 된다. 이러한 행위를 보통 '편

가르기(polarization)'라고 부르는데, 청중 속의 개인은 편 가르기에 끼어들게 되면 자아를 포기하고 자기편의 집단이 새로 설정한 가치를 채택하는 경향이 있다. 이러한 청중의 속성은 사회적 소속감을 분명히 하고자 하는 사람의 심리에서 비롯하는 것이다.

02 | 연설의 종류

(1) 목적에 따라

전달형(설명형) 연설

전달형 연설은 청중에게 어떤 정보를 전하려는 목적으로 이루어지는 연설을 말한다. 따라서 전달형 연설의 주된 말하기 방법은 설명, 분석, 도해, 시범, 정의 등 설명의 양식이다. 교육 연설, 보고 연설, 사실 연설, 평가 연설 등이 여기에 속한다. 전달형 연설의 주제를 정할 때에는 먼저 주제의 범위를 연설자와 청중의 기호에 맞추어 설정하고, 연설 전체를 통하여 통일성을 획득하도록 해야 한다.

위안형 연설

위안형 연설은 어떤 집단의 성취에 대해 노고를 위로하기 위해 주로 행해진다. 따라서 내용의 기억이나 정보의 전달, 영향력의 행사에 구애받지 않고, 일시적인 위안과 흥취를 돋우는 것을 주목적으로 하는 경우가 많다. 자축연, 송년 잔치, 피로연 등에서 이러한 연설을 할 수 있다. 위안형 연설에서는 청중에게 잘 알려지지 않은 참신한 내용이나 기이한 내용, 또는 유머러스한 내용 등이 다루어지는 것이 효과적이다.

확신형 연설

확신형 연설은 특정인의 업적이나 성과에 대해서 가치를 재평가하기 위해 주로 행해지는 연설이다. 따라서 확신형 연설은 학술 집회에서 자주 행해진다. 확신형 연설에서는 어떤 업적에 대한 평가를 확인하는 경우가 많기 때문에 실례, 통계, 비교, 대조, 전문가의 견해 등을 주로 활용한다. 확신형 연설에서는 새로 발견된 사실을 널리 알리기 위한 목적으로 그동안 알려지지 않았던 실적이나 기록, 활동 등을 제시하면서 그 가치를 재확인한다.

설득형 연설

설득형 연설은 청중의 사고와 행위를 변경시키기 위한 목적으로 행하는 연설을 말한다. 설득은 지식을 전달하는 것에 그치지 않고 청중의 잠재의식을 바꿀 새로운 지식을 주입하거나 그 의식을 행동화하도록 일깨워 주기 위한 의식적인 말하기이다. 이러한 설득을 효과적으로 해내기 위해서는 청중의 신념을 바꿀 새로운 신념의 타당성을 입증해야 하고, 신념이 바뀌면 어떻게 행동해야 하는지를 즉각적이고 적절하게 제시하여야 한다. 설득형 연설에는 청중의 변화를 직설적으로 촉구하는 방법과 실행 방법을 대략적으로만 제시하는 암시적인 방법이 있다.

감동형 연설

청중에게 감동과 교훈을 주려는 목적으로 행하는 연설을 말한다. 목사의 설교나 대중에게 가치 있는 문제에 대해 강조하는 유명인들의 연설이 감동형 연설에 속한다. 이것은 정보의 전달이나 청중의 행동 변화를 촉구하는 연설들과는 달리 어떤 주제에 대하여 가르침이나 감흥을 제공하지만 결과적으로는 청중의 행동 변화를 유발하는 계기가 될 수도 있다. 청중이 다루는 주제에 대해서 중립적 입장을 가지고 있거나 부분적으로 동조하고 있을 때에나 또는 주제에 다른 생각을 가지고 있지만 의사 표시를 보류하고 있을 때에 감동형 연설이 효과적으로 행해진다.

(2) 방법에 따라

원고 연설

원고 연설은 미리 연설 내용을 원고로 작성하여 그대로 읽어나가는 연설 형식이다. 이렇게 하면 시간과 노력을 절약하고 수정, 보완, 연습하기에 용이하다는 이점이 있다. 원고 연설은 실수해서는 안 될 경우에 사용하며, 시간이 촉박하여 내용을 암기할 수 없을 때나 말하기 공포증을 극복하기 위해서도 사용한다. 또한 본인이 직접 연설할 수 없어서 다른 사람이 대신하게 하는 경우에도 사용한다. 그러나 음조와 성량을 다양하게 구사할 수 없고, 청중에게 시선을 보내는 기회가 감소되며, 청중의 반응에 쉽게 대처할 수 없다는 단점이 있다.

암기 연설

웅변대회에 출전하는 학생들의 연설이 대표적인 암기 연설이다. 연설 전에 내용을 미리 암기했다가 실제 연설에서 이를 그대로 되살리는 형식의 연설이다. 이는 연설 시간을 정확하게 책정할 수 있고, 몸짓, 시선 등을 자유로이 구사할 수 있으며, 어느 정도 대화체를 구사할 수 있다는 장점을 갖지만, 연습에 많은 시간과 정력을 들여야 하고 연설 도중에 내용을 잊어버릴 위험이 있다.

즉석연설

주로 항목 열거 식 줄거리를 이용하여 이루어지는 연설이다. 연설을 하는 데 필요한 시간이 상대적으로 짧을 때에는 간략한 항목 열거 식 줄거리를 작성할 수 있다. 곧, 주제와 화제를 항목별로 정리해 두었다가 그것을 암기하거나 보면서 전개해 나가는 연설 방법이다. 이 방법은 내용에 제한을 받지 않고 융통성이 있고, 생동감 있는 언어를 구사할 수 있다는 장점이 있다. 그러나 일상적인 용어를 수정하지 않고 그대로 사용하거나 체계성이 부족할 위험성도 있다.

▓ 즉흥 연설

즉석연설이 항목 열거 식 줄거리를 가지고 하는 연설이지만, 즉흥 연설은 전혀 어떠한 준비도 없이 즉흥적으로 하는 연설을 말한다. 즉흥 연설의 경우에는 청중이 아무 준비도 하지 못해 연설 조건이 불리하다는 사실을 양해하고 있으므로 당황하지 말고 소신껏 연설에 임해야 한다. 주제는 쉽고 공감을 줄 수 있으며 범위가 좁은 것으로 하고, 길이도 짧게 하는 것이 효과적이다.

▓ 혼합 연설

앞에 언급한 연설들 중에서 두 가지 이상을 혼합한 방식이다. 원고 연설을 하는 도중에 즉흥 연설을 삽입할 수도 있고, 즉석연설을 하다가 서론이나 결론 등 어떤 부분은 암기 연설을 할 수도 있다. 정치 연설 같은 경우에 먼저 원고 연설을 하고 나중에 청중과 질의응답을 즉흥적으로 하는 것을 볼 수 있는데, 혼합 연설의 좋은 예이다.

03 | 연설의 실제

I am happy to join with you today in what will go down in history as the greatest demonstration for freedom in the history of our nation.

Five score years ago, a great American, in whose symbolic shadow we stand today, signed the Emancipation Proclamation. This momentous decree came as a great beacon light of hope to millions of Negro slaves who had been seared in the flames of withering injustice. It came as a joyous daybreak to end the long night of their captivity.

But one hundred years later, the Negro still is not free. One hundred years later, the life of the Negro is still sadly crippled by the manacles of segregation and the chains of discrimination. One hundred years later, the Negro lives on a lonely island of poverty in the midst of a vast ocean of material prosperity. One hundred years later, the Negro is still languished in the corners of American society and finds himself an exile in his own land. And so we've come here today to dramatize a shameful condition.

In a sense we've come to our nation's capital to cash a check. When the architects of our republic wrote the magnificent words of the Constitution and the Declaration of Independence, they were signing a promissory note to which every American was to fall heir. This note was a promise that all men, yes, black men as well as white men, would be guaranteed the "unalienable Rights" of "Life, Liberty and the pursuit of Happiness." It is obvious today that America has defaulted on this promissory note, insofar as her citizens of color are concerned. Instead of honoring this sacred obligation, America has given the Negro people a bad check, a check which has come back marked "insufficient funds."

But we refuse to believe that the bank of justice is bankrupt. We refuse to believe that there are insufficient funds in the great vaults of opportunity of this nation. And so, we've come to cash this check, a check that will give us upon demand the riches of freedom and the security of justice.

We have also come to this hallowed spot to remind America of the fierce urgency of Now. This is no time to engage in the luxury of cooling off or to take the tranquilizing drug of gradualism. Now is the time to make real the promises of democracy. Now is the time to rise from the dark and desolate valley of segregation to the sunlit path of racial justice. Now is the time to lift our nation from the quicksands of racial injustice to the solid rock of brotherhood. Now is the time to make justice a reality for all of God's children.

It would be fatal for the nation to overlook the urgency of the moment. This sweltering summer of the Negro's legitimate discontent will not pass until there is an invigorating autumn of freedom and equality. Nineteen sixty-three is not an end, but a beginning. And those who hope that the Negro needed to blow off steam and will now be content will have a rude awakening if the nation returns to business as usual. And there will be neither rest nor tranquility in America until the Negro is granted his citizenship rights. The whirlwinds of revolt will continue to shake the foundations of our nation until the bright day of justice emerges.

But there is something that I must say to my people, who stand on the warm threshold which leads into the palace of justice: In the process of gaining our rightful place, we must not be guilty of wrongful deeds. Let us not seek to satisfy our thirst for freedom by drinking from the cup of bitterness and hatred. We must forever conduct our struggle on the high plane of dignity and discipline. We must not allow our creative protest to degenerate into physical violence. Again and again, we must rise to the majestic heights of meeting physical force with soul force.

The marvelous new militancy which has engulfed the Negro community must not lead us to a distrust of all white people, for many of our white brothers, as evidenced by their presence here today, have come to realize that their destiny is tied up with our destiny. And they have come to realize that their freedom is inextricably bound to our freedom.

We cannot walk alone.

And as we walk, we must make the pledge that we shall always march ahead. We cannot turn back.

There are those who are asking the devotees of civil rights, "When will you be satisfied?" We can never be satisfied as long as the Negro is the victim of the unspeakable horrors of police brutality. We can never be satisfied as long as our bodies, heavy with the fatigue of travel, cannot gain lodging in the motels of the highways and the hotels of the cities. We cannot be satisfied as long as a Negro in Mississippi cannot vote and a Negro in New York believes he has nothing for which to vote. No, no, we are not satisfied, and we will not be satisfied until "justice rolls down like waters, and righteousness like a mighty stream."

I am not unmindful that some of you have come here out of great trials and tribulations. Some of you have come fresh from narrow jail cells. And some of you have come from areas where your quest -- quest for freedom left you battered by the storms of persecution and staggered by the winds of police brutality. You have been the veterans of creative suffering. Continue to work with the faith that unearned suffering is redemptive. Go back to Mississippi, go back to Alabama, go back to South Carolina, go back to Georgia, go back to Louisiana, go back to the slums and ghettos of our northern cities, knowing that somehow this situation can and will be changed.

Let us not wallow in the valley of despair, I say to you today, my friends.

And so even though we face the difficulties of today and tomorrow, I still have a dream. It is a dream deeply rooted in the American dream.

I have a dream that one day this nation will rise up and live out the true meaning of its creed: "We hold these truths to be self-evident, that all men are created equal."

I have a dream that one day on the red hills of Georgia, the sons of former slaves and the sons of former slave owners will be able to sit down together at the table of brotherhood.

I have a dream that one day even the state of Mississippi, a state sweltering with the heat of injustice, sweltering with the heat of oppression, will be transformed into an oasis of freedom and justice.

I have a dream that my four little children will one day live in a nation where they will not be judged by the color of their skin but by the content of their character.

I have a dream today!

I have a dream that one day, down in Alabama, with its vicious racists, with its governor having his lips dripping with the words of "interposition" and "nullification" - one day right there in Alabama little black boys and black girls will be able to join hands with little white boys and white girls as sisters and brothers.

I have a dream today!

I have a dream that one day every valley shall be exalted, and every hill and mountain shall be made low, the rough places will be made plain, and the crooked places will be made straight; "and the glory of the Lord shall be revealed and all flesh shall see it together."

This is our hope, and this is the faith that I go back to the South with.

With this faith, we will be able to hew out of the mountain of despair a stone of hope. With this faith, we will be able to transform the jangling discords of our nation into a beautiful symphony of brotherhood. With this faith, we will be able to work together, to pray together, to struggle together, to go to jail together, to stand up for freedom together, knowing that we will be free one day.

And this will be the day - this will be the day when all of God's children will be able to sing with new meaning:

> My country 'tis of thee, sweet land of liberty, of thee I sing.
> Land where my fathers died, land of the Pilgrim's pride,
> From every mountainside, let freedom ring!

And if America is to be a great nation, this must become true.

And so let freedom ring from the prodigious hilltops of New Hampshire.

Let freedom ring from the mighty mountains of New York.

Let freedom ring from the heightening Alleghenies of Pennsylvania.

Let freedom ring from the snow-capped Rockies of Colorado.

Let freedom ring from the curvaceous slopes of California.

But not only that:

Let freedom ring from Stone Mountain of Georgia.

Let freedom ring from Lookout Mountain of Tennessee.

Let freedom ring from every hill and molehill of Mississippi.

From every mountainside, let freedom ring.

And when this happens, when we allow freedom ring, when we let it ring from every village and every hamlet, from every state and every city, we will be able to speed up that day when all of God's children, black men and white men, Jews and Gentiles, Protestants and Catholics, will be able to join hands and sing in the words of the old Negro spiritual:

Free at last! Free at last!

Thank God Almighty, we are free at last!

번역

우리 역사에서 자유를 위한 가장 훌륭한 시위가 있던 날로 기록될 오늘 이 자리에 여러분과 함께 하게 된 것을 기쁘게 생각합니다.

백 년 전, 한 위대한 미국인이 노예 해방법에 서명을 했습니다. 지금 우리가 서 있는 이곳이 바로 그 상징적인 자리입니다. 그 중대한 선언은 불의의 불길에 시들어가고 있던 수백만 흑인 노예들에게 희망의 횃불로 다가왔습니다. 그 선언은 오랜 노예 생활에 종지부를 찍는 즐겁고 새로운 날들의 시작으로 다가왔습니다.

그러나 그로부터 백년이 지난 오늘, 우리는 흑인들이 여전히 자유롭지 못하다는 비극적인 사실을 직시해야 합니다. 백년 후인 지금도 흑인들은 여전히 인종 차별이라는 속박과 굴레 속에서 비참하고 불우하게 살아가고 있습니다. 지금도 흑인들은, 이 거대한 물질적 풍요의 바다 한가운데 있는 빈곤의 섬에서 외롭게 살아가고 있습니다. 지금도 흑인들은 여전히 미국 사회의 한 귀퉁이에서 고달프게 살아가고 있습니다. 그들은 자기 땅에서 유배당한 것입니다. 그래서 우리는 오늘, 이 끔찍한 현실을 알리기 위해 이 자리에 나온 것입니다.

어떤 의미에서 우리는, 국가로부터 받은 수표를 현금으로 바꿔야 할 시기에 온 것입니다. 미국을 건국한 사람들은, 헌법과 독립선언에 훌륭한 표현들을 써 넣었습니다. 그들은, 모든 미국인들이 상속하게 되어 있는 약속어음에 서명을 했습니다. 그 약속어음이란, 모든 인간에게 삶과 자유, 행복 추구라는 양도할 수 없는 권리를 보장한다는 약속이었습니다. 그러나 오늘날 미국이, 시민들의 피부색에 관한 한, 이 약속어음이 보장하는 바를 제대로 이행하지 않고 있다는 것은 분명한 사실입니다. 미국은, 이 신성한 의무를 존중하지 않고, 흑인들에게 부도 수표를 주었습니다. 이 부도 수표는 자금이 충분하지 않다는 이유로 되돌아옵니다.

그러나 우리는 정의의 은행이 파산했다고 생각하지 않습니다. 우리는 이 나라에 있는 기회의 금고에 자본이 충분치 않다는 사실을 믿지 않습니다. 그래서 우리는 이제 이 수표를 현금으로 바꿔야 할 때에 다다른 것입니다. 이 수표는 우리가 요구하는 바에 따라 충분한 자유와 정의에 의한 보호를 우리에게 줄 것입니다.

또한 우리는 '바로 지금'이라고 하는 이 순간의 긴박성을 미국인들에게 일깨우기 위해 이 자리에 모였습니다. 우선 냉정을 되찾으라는 사치스러운 말을 들을 여유도, 점진주의라는 이름의 진정제를 먹을 시간도 없습니다. 지금 이 순간이 바로 민주주의의 약속을 실현할 때입니다. 지금이 바로 어둡고 외진 인종 차별의 계곡에서 벗어나 햇살 환히 비추는 인종 간의 정의의 길에 들어설 때입니다. 지금이 바로 신의 모든 자손들에게 기회의 문을 열어줄 때입니다. 지금이 바로 인종 간의 불의라는 모래 위에서 형제애라는 단단한 바위 위로 올라서야 할 때입니다.

지금 이 순간의 긴박성을 간과하고, 흑인들의 결의를 과소평가한다면, 그것은 이 나라에 치명적인 일이 될 것입니다. 흑인들의 정당한 불만이 표출되는 이 무더운 여름은 자유와 평등의 상쾌한 바람이 부는 가을이 찾아올 때까지 계속될 것입니다. 1963년은 끝이 아니라 시작입니다. 만일 이 나라가 다시 예전 상태로 돌아간다면, 흑인들이 좀 진정을 하고 자족해야 할 필요가 있다고 생각하는 사람들은 거친 방식으로 깨달음을 얻게 될 것입니다. 흑인들이 시민으로서의 권리를 부여받기 전에는 미국에 휴식도 평온도 없을 것입니다. 정의가 실현되는 밝은 날들이 오기 전까지는 이 나라의 기반을 뒤흔드는 폭동의 소용돌이가 계속될 것입니다.

그러나 정의의 궁전으로 이르는 출발점에 선 여러분들에게 꼭 드리고 싶은 이야기가 하나 있습니다. 우리가 정당한 위치를 찾을 때까지는, 나쁜 행동을 해서 죄인이 되어서는 안 되겠다는 점입니다. 비탄과 증오로 가득 찬 술잔을 들이키는 것으로 자유를 향한 갈증을 달래려 하지 맙시다. 위엄과 원칙이 있는 높은 곳을 향한 투쟁을 영원히 계속해야 합니다. 우리는 우리의 창의적인 항거가 폭력으로 변질되게 해서는 안 됩니다. 다시, 또다시, 우리의 힘이 영혼의 힘과 맞닿을 수 있는 저 높은 곳까지 올라가야 합니다.

우리 흑인 사회를 휩쓸고 있는 저 새롭고도 훌륭한 투쟁정신이 백인들의 불신을 받는 데로 이어지지 않게 해야 합니다. 오늘 이 자리에 서 있는 백인들이 증명하듯이, 우리의 많은 백인 동지들은 그들의 운명이 우리의 운명과 이어져 있으며, 그들의 자유가 우리의 자유와 떼려야 뗄 수 없는 관계임을 깨닫고 있습니다.

우리 혼자서만 걸어갈 수는 없습니다.

이제 우리, 앞으로 나아가면서, 더 전진해야 한다는 맹세를 해야 합니다.

되돌아갈 수는 없습니다.

인권운동가들에게 "언제가 되면 만족하겠느냐?"라고 묻는 사람들이 있습니다. 흑인들이 경찰의 무지막지한 폭력의 공포에 희생되고 있는 한, 우리에게 만족이란 없습니다. 흑인들이 여행하다가 피곤에 지쳤을 때 고속도로 근처의 여관이나 시내의 호텔에 잠자리를 얻을 수 없는 한은 우리는 만족할 수 없습니다. 흑인이 이주한다고 해야, 고작 작은 흑인 거주지에서 더 큰 흑인 거주지로 가는 것이 전부일 때, 우리는 만족하지 못합니다. 미시시피의 흑인들이 투표권을 행사하지 못하고, 뉴욕의 흑인들이 마땅히 투표를 할 이유를 찾지 못하는 한, 우리는 만족할 수 없습니다. 안 됩니다. 안 됩니다. 우리는 만족하지 않습니다. 정의가 강물처럼 흐르고, 정당성이 힘찬 흐름이 될 때까지 우리는 만족할 수 없습니다.

저는 여러분들 중 어떤 사람이 재판을 받다가 여기 오게 되었다는 것에 신경을 쓰지 않는 것은 아닙니다. 좁은 감옥에서 나온 지 얼마 안 되는 사람들도 있습니다. 어떤 사람들은 자유를 추구하다가 도리어 기소되어 두들겨 맞거나, 경찰의 야만스런 폭력에 고통 받는 지역에서 오기도 했습니다. 여러분들은 모두 그 새로운 방식으로 다가오는 갖가지 고통을 겪는 데는 베테랑들입니다. 그런 고생들이 명예를 회복하는 것이라는 신념으로 계속 일하십시오. 미시시피로 돌아가십시오. 앨라배마로, 사우스 캐롤라이나로, 조지아로, 루이지애나로 돌아가십시오. 우리들의 현대적인 도시인 빈민가로, 흑인 거주지로 돌아가십시오. 상황이 달라질 수 있고, 달라질 것이라는 점은 명심하고 계십시오.

이제 절망의 계곡에서 뒹굴지는 말자고. 나의 친구인 여러분들에게 말씀드립니다. 그리고 고난과 좌절의 순간에도, 저는 꿈을 가지고 있습니다. 이 꿈은 아메리칸 드림에 깊이 뿌리를 내리고 있는 꿈입니다.

저에게는 꿈이 있습니다. 언젠가 이 나라가 모든 인간은 평등하게 태어났다는 것을 자명한 진실로 받아들이고, 그 진정한 의미를 신조로 살아가게 되는 날이 오리라는 꿈입니다.

언젠가는 조지아의 붉은 언덕 위에 예전에 노예였던 부모의 자식과 그 노예의 주인이었던 부모의 자식들이 형제애의 식탁에 함께 둘러앉는 날이 오리라는 꿈입니다.

언젠가는 불의와 억압의 열기에 신음하던 저 황폐한 미시시피주가 자유와 평등의 오아시스가 될 것이라는 꿈입니다.

나의 네 자녀들이 피부색이 아니라 인격에 따라 평가받는 그런 나라에 살게 되는 날이 오리라는 꿈입니다.

오늘 저에게는 꿈이 있습니다.

주지사가 늘 연방 정부의 조처에 반대할 수 있다느니, 연방법의 실시를 거부한다느니 하는 말만 하는 앨라배마 주가 변하여, 흑인 소년 소녀들이 백인 소년 소녀들과 손을 잡고 형제자매처럼 함께 걸어갈 수 있는 상황이 되는 꿈입니다.

오늘 저에게는 꿈이 있습니다.

어느 날 모든 계곡이 높이 솟아오르고, 모든 언덕과 산은 낮아지고, 거친 곳은 평평해지고, 굽은 곳은 곧게 펴지고, 하느님의 영광이 나타나 모든 사람들이 함께 그 광경을 지켜보는 꿈입니다.

이것이 우리의 희망입니다. 이것이 제가 남부로 돌아갈 때 가지고 가는 신념입니다.

이런 신념을 가지고 있으면 우리는 절망의 산을 개척하여 희망의 돌을 찾아낼 수 있을 것입니다. 이런 희망을 가지고 있으면 우리는 이 나라의 이 소란스러운 불협화음을 형제애로 가득 찬 아름다운 음악으로 변화시킬 수 있을 것입니다. 이런 신념이 있으면 우리는 함께 일하고 함께 기도하며 함께 투쟁하고 함께 감옥에 가며, 함께 자유를 위해 싸울 수 있을 것입니다. 우리가 언젠가 자유로워지리라는 것을 알기 때문입니다.

그 날은 신의 모든 자식들이 새로운 의미로 노래 부를 수 있는 날이 될 것입니다.

> 나의 조국은 자유의 땅,
> 나의 부모가 살다 죽은 땅, 개척자들의 자부심이 있는 땅,
> 모든 산에서 자유가 노래하게 하라.
> 미국이 위대한 국가가 되려면, 이것은 반드시 실현되어야 합니다.

그래서 자유가 뉴햄프셔의 거대한 언덕에서 울려 퍼지게 합시다.

자유가 뉴욕의 큰 산에서 울려 퍼지게 합시다.

자유가 펜실베이니아의 앨러게니 산맥에서 울려 퍼지게 합시다.

콜로라도의 눈 덮인 로키 산맥에서도 자유가 울려 퍼지게 합시다.

캘리포니아의 굽이진 산에서도 자유가 울려 퍼지게 합시다.

뿐만 아니라,

조지아의 바위산에서도 자유가 울려 퍼지게 합시다.

테네시의 룩 아웃 산에서도 자유가 울려 퍼지게 합시다.

미시시피의 모든 언덕에서도 자유가 울려 퍼지게 합시다.

모든 산으로부터 자유가 울려 퍼지게 합시다.

자유가 울려 퍼지게 할 때, 모든 마을, 모든 부락, 모든 주와 도시에서 자유가 울려 퍼지게 할 때, 우리는 더 빨리 그 날을 향해 갈 수 있을 것입니다. 신의 모든 자손들, 흑인과 백인, 유태인과 이교도들, 개신교도와 가톨릭교도들이 손에 손을 잡고, 옛 흑인 영가를 함께 부르는 그 날이 말입니다.

드디어 자유, 드디어 자유, 전지전능하신 신이여, 우리가 마침내 자유를 얻었나이다!

—마틴 루터 킹, 『I have a dream』

1 위에 제시된 마틴 루터 킹의 연설문을 영어 원문이나 한글 번역문으로 직접 낭독하여 보고, 이 연설이 주는 감동의 이유에 대해 말해 보자.

2 학과의 대표를 뽑는 선거에 출마한 것으로 가정하여 5분간 원고 연설을 해 보자.

3 대학생들의 소비 문화에 대하여 비판하는 내용으로 즉석연설을 해 보자.

• 항목 열거 식 줄거리

4 독도에 대한 일본의 주장이 부당함을 지적하고 어떻게 대처하는 것이 좋은가에 대하여 연설을 해
보자.

....
....
....
....
....
....

5 다음 연설문을 본인이 연설자라고 생각하고 낭송해 보자.

> 이 지역의 중추적 대학인 ○○대학교가 21세기 정보화 사회를 대비하여 지
역사회 구성원들의 평생 교육의 터전이 될 사회교육원을 개원하게 된 것을 진
심으로 축하합니다. 그리고 오늘 이 사회교육원을 개원하기까지 모든 노력을
경주해 오신 ○○대학교 ○○○ 총장님과 ○○○ 원장님을 비롯한 관계자 여러
분들께도 깊은 경하의 말씀을 드립니다.
>
> 오늘날 대학은 진리의 천착이라는 고전적 기능 외에 사회에 대한 봉사 기능
이 강조되고 있습니다. 이는 대학이 사회 안에서 존재하고 사회의 필요에 의해
서 생겨난 사회적 실체이기 때문입니다. 따라서 대학의 교육과 연구는 궁극적
으로 소속된 사회에 봉사하고 발전에 기여할 수 있어야 할 것입니다. 더구나
대학이 뿌리내리고 있는 구체적 사회가 바로 지역사회라고 할 때, 대학이 지역
사회의 교육과 문화를 선도하는 구실을 다하는 것도 지극히 당연한 일이라고
할 것입니다.
>
> 오늘날 본격적인 지방화의 시대를 맞이한 시점에서 지역사회와 지역대학은
서로 더욱 적극적인 협조를 해야 할 상황에 와 있습니다. 지역사회는 지역대학
에 전폭적인 성원을 보내고 지역대학은 지역사회를 계도·지원할 수 있는 각종
교육프로그램을 개발하고 이를 전 지역민이 향유케 하는 평생교육센터로서의
역할을 수행해야 합니다. 이런 점에서 오늘 ○○대학교의 사회교육원 개원은
매우 시의적절한 일이 아닐 수 없습니다.

다 아시는 바와 같이 지난 5월 31일 발표된 정부의 교육 개혁은 누구나, 언제, 어디서나 원하는 교육을 받을 수 있게 하겠다는 이른바 '열린 교육'을 그 목표로 하고 있습니다. 정보화·세계화 시대의 도래와 함께 지식·정보의 양은 폭증하고 그 생산과 소멸의 주기는 매우 빨라지고 있습니다. 이제 모든 국민이 평생 학습 기회를 갖는 것은 각 개인의 성공적 삶을 위해서도 절실한 일입니다. 누구나, 언제, 어디서나 원하는 공부를 할 수 있는 열린 교육 체제의 기반 구축은 바로 이러한 시대적 요청에 발맞추는 것이기도 한 것입니다. 이런 점에서도 대학은 교육 시설, 설비, 정보, 자료 및 교육 프로그램을 일반에게 개방하고, 현장 경험자들의 학습 기회를 확대하여 평생 교육에 이바지하도록 해야 할 것입니다.

그러나 여태까지 이 지역에는 몇몇 사회단체나 사설 학원을 제외하고 대학과 같은 공신력 있는 기관에서 사회 교육을 담당한 예가 많지 않습니다. 그리고 사회 교육의 목표 달성에 합당한 요건을 갖춘 다양한 프로그램도 마련하지 못한 실정이었습니다. 오늘날과 같은 다양성의 시대에 맞는 바람직한 사회 교육 프로그램은 다음과 같은 몇 가지 요건을 갖추어야 할 것입니다.

그것은 먼저, 정보화 시대에 알맞은 프로그램이어야 할 것입니다. 둘째는 삶의 현장에서 필요한 프로그램이어야 할 것입니다. 그리고 셋째로는 사회 구성원들의 생산적인 여가생활에 적합한 프로그램이어야 할 것입니다. 이런 요건들에 비추어 볼 때 오늘 개원하는 ○○대학교 사회교육원의 전산 교육 과정을 비롯한 외국어 교육 과정, 사회 체육 및 건강관리 교육 과정, 미술 교육 과정은 모두 여기에 잘 부합하는 것들임에 틀림없습니다.

대학이 교육과 연구의 성과를 지역 사회와 공유하고 사회 구성원의 평생 교육을 위해 노력할 때 우리사회는 비로소 학벌 중심 사회에서 능력 중심 사회로의 진정한 변화를 이룰 수 있을 것입니다.

다시 한 번 ○○대학교 사회교육원 개원을 축하드리며, 앞으로 이 사회교육원이 이 지역의 교육 발전에 선도적 역할을 담당하는 장으로 크게 성장하길 바랍니다.

감사합니다.

제6장

면접

01 | 면접의 개념

면접은 인터뷰라고도 부르는데 형식상 대화의 일종이다. 화자와 청자가 일 대 일 혹은 일 대 다의 관계에서 순서 교대로 이루어지는 말하기라는 점에서 그러하다. 그러나 면접은 일반적인 대화와는 달리 주로 특정한 목적을 가진 단체나 사람, 곧 면접자가 피면접자에게 필요한 내용을 묻고, 피면접자는 거기에 답하는 형식을 취하는 말하기이다. 면접은 그 목적이 무엇이냐에 따라서 조사 면접, 입시 면접, 입사 면접 등으로 나눌 수 있다.

면접은 요즘 입시나 취직 시험에서 인재를 선발하는 방법으로 빈번히 활용됨으로써 특히 관심을 끌고 있다. 곧 면접은 기업이나 단체 등의 인재 선발을 위한 채용 과정에서 응시자인 피면접자와 면접자가 직접 대면하여 '질문과 대답'이라는 과정을 거친 후 응시자의 잠재적인 능력, 책임감, 인내력, 사고력, 창의력, 업무추진력, 대인 관계, 성격 등을 파악하는 수단으로 사용된다. 오늘날 기업 등의 인재 채용 실태를 보면 필기시험보다도 면접을 통한 인물 평가에 더 많은 비중을 두는 경향이 두드러지고 있다. 아래에서는 이렇게 입사를 전제로 하는 면접을 중심으로 살펴보려고 한다.

응시자인 피면접자의 측면에서 볼 때 면접의 내용은 자기소개서나 이력서의 내용과 밀접한 관련이 있다. 이력서가 개인을 개괄적으로 소개하는 자료라면, 자기소개서는 한 개인을 더욱 깊이 이해할 수 있도록 하는 자료이다. 기업 등은 응시자에 대하여 채용하고자 하는 인재로서 적합한지 여부를 자기소개서와 이력서를 통하여 일차적으로 판별한다. 그리고 이들 내용 가운데서 주목할 만한 부분을 면접 말하기의 기초 자료로 활용하기도 한다. 따라서 면접 시 응시자의 답변이 자기소개서나 이력서와 다르다면 신뢰에 문제가 생길 수도 있을 것이다. 응시자는 자기소개서를 포함하여 제출한 모든 자료를 충분히 숙지할 필요가 있다. 특히 자기소개서에서 애매하게 표현되었거나 약점이라고 생각하는 부분에 대해서도 반드시 답변을 준비하는 것이 면접에 대비하는 요령이다.

그러나 면접의 내용이 단지 응시자의 자기소개서나 이력서의 내용에 국한되는 것은 아니다. 기업의 특성과 경영관에 따라서 정치, 경제, 사회, 문화, 역사 등에 관한 제반 지식이 면접의 내용이 될 수 있다. 또 응시자 개인의 가치관이나 세계관을 알고자 하는 면접 말하기가 이루어질 수도 있다. 따라서 응시자는 지원한 기업이나 단체의 특성을 잘 파악하고, 이전 면접 말하기들에서 주로 다루어진 내용들을 알아두는 것이 필수적이다. 또 지원한 기업이나 단체에 자신이 꼭 필요한 창의적이고 진취적인 사람임을 보일 수 있는 자세와 말하기를 준비하고 있어야 한다. 물론 이러한 말하기가 과장이나 거짓이 없이 신뢰할 수 있는 것이어야 함은 두말할 것도 없다.

02 | 입사 면접의 유형

(1) 단독 면접

면접자와 응시자가 일 대 일로 대면하여 질의하고 응답하는 일반적인 면접 방식이다. 시간이 많이 걸리는 단점이 있으나 응시자 한 사람을 조목조목 알아내고자 할 때 쓰는 면접이다. 단독 면접에는 면접자 여러 명과 응시자 한 사람이 대면하여 말하기가 이루어지는 방식도 있다.

단독 면접에서는 대개 처음 2~3분 동안은 응시자가 자기소개를 한 후 지원 동기, 직업관, 성격, 친구 관계 등에 대한 문답이 이루어진다. 따라서 응시자는 이야기할 내용을 간결하게 정리해 두는 것이 좋으며, 다른 사람과 차별화하도록 노력해야 한다.

(2) 집단 면접

집단 면접은 면접자 여러 명이 응시자 여러 명을 한꺼번에 평가하는 면접이다. 이것은 응시자 여러 명을 동시에 비교 관찰할 수 있고, 평가에서 객관성을 유지할 수 있다는 장점이 있어 많이 채택하는 방식이다. 면접자 한 사람이 한 질문을 여러 응시자에게 동시에 하는 경우도 있는데, 다른 사람과 비슷한 내용을 답해도 불이익은 없으나, 면접자의 질문 의도에 부합하면서도 참신한 대답을 하는 것이 좋은 평가를 받는 지름길이다.

경쟁자들과 함께 받는 집단 면접에서 응시자는 상대 평가가 되므로 특히 신경을 써야 한다. 혼자서 자기주장만 하거나, 다른 사람이 말할 때 한눈을 팔거나, 발언 기회를 놓치고 침묵을 지키는 것은 절대 금물이다. 집단 면접은 정답을 요하는 주제를 토론하는 것이 아니므로 다른 사람을 설득시키려고 자기 의견을 지나치게 주장할 필요는 없다. 남의 의견을 경청하고 수용하면서 자기 주관을 펼치는 전략이 효과적이다.

(3) 집단 토론 면접

집단 토론 면접은 응시자 여러 명(5~8명)에게 한 과제를 주고 서로 토론을 하도록 하고, 그 과정에서 뛰어난 인재를 선발하려는 방법이다. 즉 전체 속에서 응시자의 리더십, 판단력, 설득력, 협동성 등을 평가한다. 집단이라는 점에서 다른 응시자를 깔보거나 스스로 위축되어서도 안 된다. 지나치게 공격적이거나 흥분하는 일 없이 차분히 자기의 논리를 전개해 나가는 것이 유리하다.

집단 토론 면접의 진행 방법은 면접자 측 사회자가 주제를 제시하고 토론에 부치는 방법, 사회자도 주제도 정하지 않고 완전히 자유롭게 토론시키는 방법 등이 있다. 이런 집단 토론식 면접은 지원자들의 표현력, 이해력, 협력성, 조직 적응력, 지도력 등 종합적인 능력과 지식의 수준을 뚜렷이 살필 수 있기 때문에, 응시자들로서는 가장 신경이 쓰이고 부담이 가는 면접 방식이라고 할 수 있다.

특히 유의할 점은 토론의 주제를 잘 생각해서 말해야 하며, 다른 응시자의 의견도 경청할 줄 알아야 한다. 지나치게 자기만 돋보이려고 하는 것은 좋지 않다. 집단 토론 면접에서 제시되는 대부분의 주제는 명확하게 결론이 내려질 수 있는 성질의 것이 아니다. 따라서 너무 말을 많이 하거나 시간을 끌 필요는 없다. 남의 말을 가로막는다든지, 지나치게 논박을 한다든지, 주제와 거리가 먼 방향의 말을 한다든지 하는 것은 바람직하지 않다.

주제에 대해서 어느 정도 자신이 있을 경우는 논리적이고 설득력 있게 분위기를 이끌어서 자신의 발언이 면접자들의 뇌리에 남도록 한다면 성공적이다. 만약 주제에 자신이 없을 경우에는 섣불리 자기주장을 펴지 말고 잠시 다른 응시자들의 얘기를 들어본 뒤 그들 중 자신의 생각과 부합되는 내용이 있으면, 그 내용을 토대로 자신의 의견을 조심스럽게 피력해 가는 것이 무난하다.

(4) 프레젠테이션 면접

프레젠테이션 면접은 최근 많이 채택되고 있는 면접 방식이다. 프레젠테이션 면접에서는 기업의 부장, 과장 등의 실무자들로 면접자를 구성하는 것이 보통이다. 프레젠테이션 면접은 동일한 주제에 대해 찬반 토론 형태로 진행되는 집단 토론과는 다른 방식이다. 프레젠테이션 면접에서는 여러 개의 주제를 제시하고 응시자가 가장 자신 있는 것을 골라 약 5분간에 걸쳐 설득력이 있는 주장을 펼치도록 하는 것이 일반적인 방식이다.

프레젠테이션에 응시자의 지식과 경험이 총동원되기 때문에, 이러한 방식의 면접은 문제 해결 능력, 창의성, 전문성을 평가하기에 좋은 방법이다. 프레젠테이션 면접에 응하는 응시자는 자신이 선택한 주제와 관련하여 설득해야 할 대상인 면접자들이 무엇을 생각하고 원하는지를 파악하는 것이 가장 중요하다. 자기의 주장에 대하여 일관된 주장과 근거를 제시하는 것이 바람직하지만, 모든 문제를 한두 가지 단편적인 방안으로 완벽하게 해결하려고 할 필요는 없다. 자신의 주장과 해법이 갖는 한계와 다른 가능성에도 마음을 여는 자세를 갖는 것이 좋다. 그러나 발표 내용이 빈약한 인상을 주어서는 안 된다. 따라서 면접에 임하기 전에 관련되는 문제들에 대하여 미리 관심을 갖고 공부해 두는 것이 좋다.

03 | 면접의 일반적 유의 사항

(1) 면접자의 경우

- 면접자는 먼저 면접실의 분위기를 안정되게 하도록 힘써야 한다. 물리적, 환경적 조건을 감안하여 면접 장소의 분위기 조성에 노력해야 하며, 면접자 본인의 태도를 되도록 온화하게 한다.
- 응시자의 대답을 중간에서 가로채지 말아야 한다. 면접자가 메모나 채점지를 작성하는 경우가 있는데, 이때에도 응답을 계속할 수 있도록 시선을 응시자에게 자주 주어야 한다.

−본론적인 질문에 들어가기 전에 가벼운 이야기부터 시작해 응시자가 편안하게 자신의 마음을 솔직히 말할 수 있는 분위기를 조성해야 한다.

(2) 응시자의 경우

−긴장을 풀고 표정이나 시선, 그리고 자세 등에서 자연스러운 분위기가 나타나도록 노력한다.
−진실한 태도로 말함으로써 면접자에게 신뢰감을 심어주어야 한다.
−면접자의 말을 도중에 가로채지 말아야 한다. 면접자의 말을 도중에 가로채는 것은 질문에 답하지 못하는 것보다 더 나쁘다. 따라서 충분히 들은 후에 질문한다.

(3) 면접 시 단계별 유의 사항

대기실

면접은 이미 대기실에서부터 시작된다. 응시자는 조용한 태도로 대기실에서 자기 차례를 기다리는 동안 예상되는 질문에 대한 대답을 최종적으로 정리하면서 마음을 가다듬는다. 차례가 가까워지면 다시 한 번 자기의 복장을 살핀다.

호출

응시자의 이름을 부르면 똑똑히 대답한다. 면접실 문을 두세 번 노크한 뒤 응답이 있으면 문을 열고 들어간다.

입실

면접실에 들어서면 조용히 문을 닫은 다음 정면을 향하여 가볍게 허리를 굽혀 인사를 한다. 그리고 면접자에게 공손하게 인사를 한 뒤 "○○번 ○○○입니다." 하고 자기의 수험번호와 성명을 말한 후 의자에 앉아 등받이에 등을 약간 기대는 것이 좋다. 면접자의 눈을 너무 빤히 쳐다보거나, 시선을 이리저리 돌리지 말고 면접자의 가슴 부분을 본다. 다리는 꼬거나 너무 벌리지 말고 가지런히 한다. 두 손을 무릎 위에 자연스럽게 올려놓고 질문을 기다린다.

▓▓ 질의응답

질문이 시작되면 침착하게 질문자를 바라보며 주의 깊게 청취하고 답변할 때는 잠깐 생각을 정리한 뒤 또렷하게 대답한다. 너무 빨리 말하거나 말끝을 흐려 얼버무리는 인상을 주지 않도록 한다. 특히 다음 몇 가지 사항을 주의한다.

- 솔직하고 자신 있는 태도로 대답한다.
- 대답을 잘 못했다 하더라도 머리를 긁적거리거나 혀를 내미는 등 불필요한 행동을 하지 말고, 질문 내용을 잘 못 알아들었을 때에는 지체하지 말고 다시 묻도록 한다.
- "에~", "저~" 등의 불필요한 간투사가 나오지 않도록 주의한다.
- 자신 있다고 너무 큰 소리로, 너무 빨리, 너무 많이 말하지 말고 또 얼른 대답이 나오지 않는다고 해서 너무 오래 끌거나 잠자코 있어서는 안 된다. "잠깐 생각할 여유를 주십시오"라고 말한 다음 생각을 정리해 분명한 어조로 말한다.

보충 질의응답 요령

- 발랄한 태도
- 또렷한 음성
- 바른말과 존댓말
- 자신 있는 대답
- 과장이나 거짓 대답을 말 것
- 지나치게 평론가적인 언동은 삼갈 것
- 다변, 궤변도 금물
- 나쁜 말하기 버릇을 고칠 것

퇴장

　입실 때와 반대의 동작으로 조용히 면접실을 나간다. 이때 주의할 점은 면접이 끝났다는 해방감에 무의식적으로 문을 거칠게 닫는 일이 없도록 한다. 면접이 끝나고 의자에서 일어나면 앉았던 의자를 정돈한 후 15° 정도의 가벼운 인사를 한다. 퇴실할 때에도 힘없는 표정을 짓지 않도록 주의한다.

(4) 면접 질문 예시

지원 동기

－우리 회사에 지원하겠다고 마음먹은 것은 언제부터이며, 어떤 동기에 의해서입니까?

－우리 회사 외에 다른 회사에 지원한 적이 있습니까?

－우리 회사에 들어오기 위해서 본인이 특별히 노력한 것이 있습니까?

－우리 회사의 제품을 사용해 보신 적이 있습니까? 그 제품을 평가해 보십시오

일에 대한 의식

－갑작스런 업무이 주어졌는데 사전에 다른 약속이 있다면 어떻게 하시겠습니까?

－당신이 희망하는 직종을 말해 보십시오

－당신은 우리 회사에서 어떤 직위에까지 오를 수 있다고 생각하십니까?

－상사와 의견이 다를 경우 당신은 어떻게 하시겠습니까?

－여성과 일에 대한 당신의 개인적인 생각은 무엇입니까?

－(여성) 결혼 후 직장 생활은 어떻게 하시겠습니까?

－(여성) 남녀고용평등법에 대해 당신은 어떻게 생각하십니까?

－(여성) 순환 보직에 의해 영업적인 일을 맡게 된다면 어떻게 하시겠습니까?

■ 자신에 대한 소개

－5분 안에 자신을 소개하시오(필요하면, 외국어 소개도 준비).
－본인의 장단점에 대해서 말씀해 주십시오
－살아오면서 가장 기뻤던 경우와 가장 슬펐던 경우에 대해 말씀해 주십시오
－자신에게 있어 가장 소중한 것은 무엇입니까?(유형, 무형의 각각 한 가지씩)
－다른 사람들이 자신에 대해 어떻게 평가한다고 생각하십니까?

■ 학창 시절에 대하여

－전공은 무엇이며, 그 전공을 선택한 이유는 무엇입니까?
－학창 시절 동아리 활동을 한 경험은 있습니까? 있다면 동아리 이름과 활동 내용
  에 대해 말씀해 보십시오.
－아르바이트를 해본 일이 있습니까?
－성적이 다소 좋지 않은데 전공 학과가 마음에 안 드셨나 보죠?
－당사에 지망하기 위해서 대학 시절 동안 어떻게 준비해 오셨나요?

■ 개인의 인생관

－좌우명이 있다면 말씀하십시오
－자신의 인생 지표가 되는 사람이 있다면? 그 이유는?
－즐겨하는 스포츠가 있다면 어떤 것입니까?
－10년 후의 당신 모습을 그려보십시오

■ 예상하기 어려운 질문

－전일 당사의 주가가 얼마였는지 아십니까?
－오늘 일간지에 난 기사 중 가장 인상에 남는 것은 무엇이었습니까?

－지금 당장 당신이 이 회사의 경영주가 된다면 어떤 일을 하시겠습니까?

－내일 지구에 종말이 온다면 당신은 오늘 무슨 일을 하시겠습니까?

－당신은 전통 찻집과 화려한 커피숍 중 어떤 곳을 더 좋아합니까?

－가장 최근에 본 영화가 있다면, 보고 난 소감은?

－휴가 일정이 상사와 겹쳤습니다. 한 사람만 갈 수 있다면 당신은 어떻게 하시겠습니까?

－지금 당장 1,000만 원이 생긴다면 어떻게 쓰겠습니까?

－선약이 있는 주말에 회사 일이 생겼습니다. 어떻게 하시겠습니까?

－당신이 지금 면접관이라면 어떤 질문을 하겠습니까?

보충 입사 면접 전 대비 사항

- 충분한 수면
- 생기 있는 얼굴
- 시사 상식 갖추기
- 지원하는 곳에 대한 사전 지식 쌓기
  - 회사의 연혁
  - 회장 또는 사장의 이름, 전공 등
  - 회장 또는 사장이 요구하는 신입 사원의 인재상
  - 회사의 사훈, 사시, 경영 이념, 창업 정신 등
  - 회사의 대표적 상품, 특색
  - 업종별 계열 회사의 수
  - 해외 지사의 수와 그 위치
  - 신 개발품에 대한 기획 여부
  - 그 회사에 대한 자기 나름대로의 평가, 자기가 생각하는 회사의 장단점
  - 회사의 잠재적 능력 개발에 대한 제언

1 회사 취업 면접을 가정하여 학생들 중에서 면접자와 지원할 응시자를 선발하여 단독 면접 말하기를 연습해 본다. 연습을 위한 대기실, 면접실 등을 꾸미고 학생들이 자율적으로 실습하도록 한다.

2 대기업 입사를 가정하여 몇 명의 면접자와 5~8명의 응시자를 조별로 선발하여, 집단 토론 면접을 연습해 본다.

프레젠테이션

01 | 프레젠테이션의 개념

프레젠테이션(presentation)란 원래 광고 등에 관해 사업 계획서 따위를 제출하는 활동을 통틀어 가리키는 말이었다. 프레젠테이션은 어원적으로는 소개, 제출, 진술, 표현, 발표 등과 같은 의미를 지닌다. 그러나 최근에는 특정 목적을 달성하기 위하여 언어 및 각종 자료를 활용하여 청중에게 필요한 정보를 전달하는 발표의 한 양식으로 정의하고 있다. 다양한 미디어가 발달한 요즘에는 이들 멀티미디어를 활용한 프레젠테이션이 성행하고 있다. 특히 파워포인트와 같은 컴퓨터 프로그램으로 작성한 발표물을 영상으로 투사하여 시청각적인 효과를 극대화한 프레젠테이션이 행해지고 있다.

그러나 프레젠테이션이 아무리 매체의 강력한 뒷받침을 받는다고 하더라도 청중과 호흡하는 말하기의 한 가지라는 점을 기억해야 한다. 프레젠테이션의 주체는 발표자이다. 따라서 말하기 능력을 포함한 발표 능력이 발표자가 갖추어야 할 기본 능력이며, 여기에다 매체의 활용 능력을 겸비하여야 한다. 그렇기 때문에 발표자는 프레젠테이션의 주제와 청중과 상황, 그리고 매체에 두루 적응할 수 있도록 훈련 받아야 한다. 요컨대, 효과적인 프레젠테이션을 위해서 발표자는 주제나 화제의 선정, 적절한 목소리와 발표 자세 갖추기, 자료 수집 정리 및 매체 사용 능력 등을 고루 갖추어야 한다. 이런 점 때문에 오늘날 프레젠테이션이 대중적인 발표 형식으로 자리 잡은 것이다. 발표자의 프레젠테이션을 보고 들으면서 발표하는 내용에 대해 효과적으로 이해하는 동시에 발표자의 능력까지도 파악할 수 있는 것이다.

효과적인 프레젠테이션은 정보 전달력이 중시된다. 이것은 프레젠테이션이라는 발표 행위가 보고와 같이 청중의 이해를 돕는 정보 전달적 말하기일 때가 많기 때문이다. 따라서 너무 감각적이고 과장된 자료로 청중을 현혹시키기보다는 지적이고 알찬 정보를 객관적으로 제공하고 청중의 판단을 기다려야 한다. 이를 위해서는 발표의 목적이 정해지면, 목적에 부합하는 구체적인 주제를 설정하고 자료를 수집 정리하며, 청중에게 전하고자 하는 내용을 다양한 미디어와 결부지어 효과적으로 배치하는 등 프레젠테이션의 전 과정을 세심하게 준비하여야 한다.

02 | 프레젠테이션의 목적

프레젠테이션의 목적도 일반 말하기와 마찬가지로 크게 설명적인 것, 설득적인 것, 오락적인 것의 셋으로 나눌 수 있다. 설명적인 프레젠테이션은 정보 제공의 목적을 갖는 것으로서 묘사나 시범, 해설 등의 방법론을 이용한다. 설득적인 프레젠테이션은 청중을 설득하여 소기의 목적대로 행동하거나 사고하게 만들고자 하는 말하기이다. 여기에는 상품 판매원의 말하기에서와 같은 상품에 대한 우월적인 정보와 신뢰감의 제공이라는 방법을 활용하기도 하고, 토론에서와 같이 논거를 제시하여 주장을 뒷받침하는 방법을 이용할 수도 있다. 오락적인 목적의 프레젠테이션은 주로 위안이나 교훈이나 감동을 주기 위하여 행하는 것이라고 볼 수 있다. 이러한 세 가지 주된 목

적을 포함하여, 프레젠테이션의 구체적인 목표가 될 수 있는 것들을 나열하면 아래
와 같다.

　－청중에게 화자 자신이 다루는 문제에 관심을 갖도록 한다.
　－청중에게 전혀 모르는 사실에 대한 정보를 제공한다.
　－청중에게 조사 연구한 내용을 알려준다.
　－청중에게 어떤 새로운 생각을 갖게 한다.
　－청중에게 어떤 행동을 취하게 한다.
　－청중에게 위안이나 재미를 주어 감동하게 한다.

03 | 프레젠테이션의 구성

　구성은 프레젠테이션의 목적과 주제를 가시화하고, 프레젠테이션 기본 계획서를
작성한 뒤, 주제를 드러내기에 효과적인 방식으로 내용을 배열하는 것을 말한다. 프
레젠테이션의 주제를 선정할 때에는 다음과 같은 사항들이 고려되어야 한다.

　－상황에 맞는 주제를 선택할 것
　－발표자가 자신 있게 다룰 수 있는 주제를 선택할 것
　－참신한 주제를 선택할 것
　－발표자가 관심을 갖고 연구하거나 조사한 주제를 선택할 것
　－새로운 관점에서 접근할 수 있는 주제를 선택할 것
　－주어진 시간 안에 다룰 수 있는 주제를 선택할 것
　－청중의 관심과 흥미를 끌 수 있는 주제를 선택할 것

　프레젠테이션을 위한 내용의 배열은 목적에 따라 약간의 차이가 있다. 특히 설명

을 위한 구성 방법과 설득을 위한 구성 방법에 차이가 있다. 설명을 위한 프레젠테이션에서는 제재들 간의 일련의 관계를 중심으로 구성하는 것이 바람직하다. 그러나 설득을 위한 프레젠테이션에서는 주로 논거를 중심으로 주장하고자 하는 바의 논리적 타당성을 뒷받침하는 방향으로 구성해야 한다. 프레젠테이션의 구성 방식도 일반적인 말하기에서의 구성 방식과 근본적으로 같다. 대체로 다음과 같은 구성법들을 활용할 수 있다.

- 시간의 순서에 따른 구성
- 공간의 순서에 따른 구성
- 인과관계에 따른 구성
- 문제 제기와 해결의 순서에 따른 구성
- 특별한 화제의 순서에 따른 구성
- 심리적 효과에 따른 구성

(1) 도입 부분

프레젠테이션에서 도입부는 화제의 본질을 설명하고, 청중의 흥미를 유발하며, 발표자 자신의 목적과 의도를 간략하게 보여주는 부분이다. 프레젠테이션에서 처음 몇 분간은 낯선 사람들이 처음 만났을 때의 상황과 유사하다. 누구나 처음 만나면 대개 가벼운 이야기를 주고받으면서 서로를 살펴보고, 차츰 잘 알아가게 된다. 그리고 서로 익숙해진 후에는 본격적으로 마음을 열고 이야기하는 단계에 들어가는 것과 같은 것이다. 따라서 프레젠테이션의 도입 부분에서 가장 중요한 것은 발표자와 발표 내용에 대한 첫인상이다. 좋은 첫인상을 갖게 하기 위해서는 발표 내용으로 청중들의 주의를 집중시켜 발표에 몰입하게 하는 요령을 터득해야 한다. 어떻게 잘 청중들의 주의를 환기시켜 원하는 방향으로 생각을 공유하게 하느냐가 프레젠테이션의 성패를 좌우한다. 다행히 프레젠테이션이 매체의 뒷받침이 크기 때문에 이것을 활용하기에 따라서는 얼마든지 효과적인 도입부를 만들 수 있을 것이다.

프레젠테이션에서 도입 부분은 대개 다음 네 가지 요건을 갖춰야 한다.

-청중의 주의를 발표자에게 집중시킨다.
-화제의 본질을 설명한다.
-발표자가 말하는 것에 대해 청중의 흥미를 유발한다.
-청중을 자연스럽고 쉽게 화제로 이끈다.

아래에 제시하는 다섯 가지 사항은 위의 네 가지 요건을 충족하는 데 도움이 줄 수 있는 내용들이다. 발표자는 프레젠테이션의 목표와 내용 및 청중의 특성에 따라 다음 방법들 중 어느 하나를 선택하여 사용하면 좋을 것이다.

-주제나 상황을 언급하는 내용
-수사학적 질문의 사용
-흥미롭거나 놀랄 만한 질문의 사용
-최근 혹은 현재의 사건을 언급하는 내용
-어떤 발표자의 말이나 문학 작품 일부분의 인용

(2) 본론 부분

프레젠테이션의 본론 부분은 다른 말하기의 본론 부분과 마찬가지로 주제를 달성하기 위해 본격적으로 내용을 전개하는 과정이다. 곧 본론 부분에서 프레젠테이션의 주제는 구성에서 계획한 대로 시간, 공간의 순서나 논리적 순서에 따라서 전개한다. 전개 시에 발표자는 자신이 준비한 내용을 성실하면서도 진지한 태도로 전해야 한다. 본론 부분을 전개는 정의, 비교, 대조, 묘사 등의 기술의 양식들을 이용하는 것이 효과적이다. 또한 통계의 제시, 수량화, 그래프로의 제시 등으로 내용을 일목요연하게 정리하고, 미디어의 장점을 최대한 활용하는 것이 좋다.

(3) 결론 부분

  결론 부분은 발표자가 프레젠테이션 목적을 달성시킬 수 있는 마지막 기회의 장이다. 프레젠테이션 본론의 전개를 통해 도출한 결론을 확신시켜 주어야 할 뿐 아니라 경우에 따라서는 동기 유발 혹은 행동화를 강력히 촉구하는 내용으로 꾸밀 수 있다. 특히 행동을 이끌어내려는 프레젠테이션이라면 청중의 행동 변화에 도움이 되는 수단을 추천해야 한다는 점에서 더욱 신중하게 꾸며야 한다. 청중의 행위 변화와 행동화를 촉구해야 할 경우에 결론 부분은 다음과 같은 점에 특히 유의하여 프레젠테이션을 해야 한다.

  -기대하는 행동을 명확히 진술해야 한다.
  -기대하는 행동이 실현 가능성이 지나치게 낮은 것이어서는 안 된다.
  -행동에 수반되는 수단이 간단해야 한다.
  -가능하다면 즉시 행동을 시작할 수 있어야 한다.

  또한 프레젠테이션을 효과적으로 끝맺기 위해서는 결론 부분에서 목적을 달성하는데 가장 도움을 줄 만한 것을 요약하여 반복하여야 한다. 예를 들면, 어떤 것에 대한 짧은 묘사를 막 마친 발표자는 일련의 이미지들을 정립하기 위해 사용했던 중요한 시각적 비유를 반복하고, 이어서 각 요소들을 관련짓는 최종 비유를 곁들일 수 있을 것이다. 또 어떤 과정을 시연한 발표자는 앞에서 지적했던 단계들을 반복할 수도 있을 것이다. 해설을 한 발표자는 보통 중요한 정의와 비유들을 반복해도 좋다. 그리고 해설이 까다롭다고 할 수 있는 정치, 경제, 과학, 도덕, 예술 등에 관한 해설에서는 격언이나 속담 등을 인용하여 결론을 대신할 수도 있다. 그러나 무엇보다도 중요한 것은 앞서의 내용들을 불필요하게 중복 제시하고 있다는 인상을 주어서는 안 된다는 사실이다.

  프레젠테이션 결론 부분에서 또 한 가지 요구 조건은 결론의 구성과 어조가 말하고자 하는 내용의 특성을 반영해야 한다는 점이다. 결론의 구성 형태, 어조, 분위기는 발표자의 성실성을 반영한다. 예를 들어, 진지한 내용의 프레젠테이션에서 유머러스하게 결론을 맺는다면 청중은 본래의 심각하고 진지한 면에 대해 의심하게 된다.

결론의 마지막 요건은 통일성이다. 본론에서 자신의 주요 요점 중 어느 한 부분을 잘못 전개했다고 느끼는 발표자는 종종 결론에서 그것을 보충하려고 한다. 이렇게 하면 본론에서 제시하였던 주요 논점들을 본래 목적을 달성할 수 있도록 제시하는 것에 실패하게 된다. 그래서 효과적인 프레젠테이션의 결론은 청중의 이해와 기억에 도움을 줄 수 있는 요약, 정리가 되어야 한다. 특히 설득이나 행동 유발을 목적으로 하는 프레젠테이션의 결론에서는 직접적이고 확실한 단어, 분명한 표현으로 청중이 가지고 있는 믿음에 최대한 동기를 부여해야 하며, 행동화를 촉구하고 방안도 제시해야 한다.

프레젠테이션의 준비가 주제, 목적 결정, 자료의 수집과 정리, 구성으로만 끝나는 것은 아니다. 실제 발표장에 나서기 위해서는 발표 내용을 준비하는 일 이외에도 필요한 기자재의 제공 여부, 강단의 조명이나 스크린 등 시설의 상태 및 주변 환경에 대한 이해, 이용할 매체의 용이성, 발표용 원고와 보조 자료의 마련, 그리고 필요한 경우, 청중을 위한 배포 자료 마련 등 하나하나 세밀한 검토가 이루어져야 한다.

▣ 성공적인 프레젠테이션 요건

－발표 능력과 기술
－적절한 크기의 목소리와 정확한 발음
－비언어적 요소들의 적절한 사용
－긴장을 풀고 자신감 갖기
－적절한 시청각 자료의 뒷받침

▣ 효과적인 파워포인트 파일 작성 요령

－단순성
－글자색은 배경과 반대되는 보색 사용

-긴 문장보다는 요약체로 짧게 정리

-적절한 강조와 돋보임 처리

-적절한 수식이나 그래프나 표 사용

-너무 기교가 많으면 역효과

1 자동차 회사의 판매 사원이라는 가정 하에 새로 나온 자동차의 홍보와 판매 전략을 프레젠테이션 자료로 작성하고 시연해 보자.

2 각자 자신이 수강하는 학과목에서 발표할 내용을 파워포인트 파일로 작성하여 프레젠테이션을 해 보고 효과적인 발표에 대해서 토의해 보자.

• 발표할 주제

• 프레젠테이션 구상

[도입부]

[전개부]

[결말부]

토의와 회의

01 | 토의

(1) 토의의 개념

토의(Discussion)란 여러 사람이 모여서 공통된 어떤 문제에 대하여 가장 좋은 해답을 얻기 위해 협의하는 말하기의 한 형태이다. 말하자면, 토의는 사람들이 제시된 문제에 대해서 그 내용을 서로 분석하고 연구하여 문제가 안고 있는 온갖 사항을 분명히 밝히는 동시에, 그것들을 여러 각도에서 검토하고 평가해서 어떤 결론을 찾아내는 집단적 말하기 과정이다. 토론은 문제의 대립 점에 대하여 찬성과 반대로 나뉘어 표면에 그 주장을 드러내어 논쟁하고, 연설은 개인의 의견을 상대방에게 일방적으로 전달하는 말하기이다. 그러나 토의는 이것들과는 달리 서로 견해를 달리하는 개인들이 모여서 의견을 충분히 교환한 다음에 최선의 결론을 도출해 내는 말하기이다. 토의는 이런 점에서 협력적인 의사소통의 전형이라 할 수 있다.

토의는 의제의 선정, 문제의 의미 확정, 문제의 분석과 음미, 모든 가능한 해결안의 제안과 검토, 최선의 해결안의 선정, 최선의 해결안의 실시라는 일련의 절차에 따라 진행된다. 이러한 모든 과정을 거치는 동안 토의 참여자는 자신과 의견을 달리하는 사람들과 대화함으로써 서로의 이해를 높이고, 자신의 경험을 축적하며 원만한 대인 관계를 이루는 요령을 터득할 수 있게 된다. 따라서 토의는 문제 해결안의 결정뿐만이 아니라 해결안에 도달하는 과정 그 자체를 중시하는 말하기이다.

토의는 어떤 문제에 대해서 최선의 해결책을 모색하기 때문에 소수의 의견이라 하여 무시하지 않는다. 토의에 참석하는 사람들 각자의 심리적 거리는 공통 결론이라는 중심을 향해 나아갈 때 결국 가장 가까운 거리로 좁혀진다. 다수건 소수건 공통 결론에 도달하는 심리적 거리가 없는 상태에 이르면 서로 문제에 대해 태도를 달리했던 갈등은 사라진다. 따라서 토의에 참여하는 사람들에게는 품격과 협동심, 깊이 사고하는 자세가 절실히 필요하다.

토의의 성패는 사회자의 지도력에 달려 있다는 말을 한다. 그만큼 토의에서 사회자의 역할이 중요하다는 것이다. 서로 견해를 달리하는 사람들이 하나의 결론에 도달하는 데에는 토의자들의 협동심도 필요하지만, 그것을 북돋우고 촉진하며 유도하는 사회자의 지도력이 필수적이다. 지도력(leadership)이란 집단으로 하여금 그 목표에 도달케 하도록 영향을 주는 온갖 작용, 즉 협력과 열정을 기울여서 집단 목표의 달성에 전심하도록 구성원에게 영향을 주는 지도자의 활동이다. 이 지도력은 구성원들의 신뢰감에서 나오며 이것이 지도자에게 권위를 부여한다. 토의의 사회자는 토의의 성공적 수행을 위해서 그에게 구비된 지도력을 최대한 발휘해야 한다. 따라서 문제 해결에 필요한 기초적 능력인 분석력, 창조력, 전문 지식, 판단력을 두루 갖추어야 하며, 유머와 재치, 인간 행동과 개인차를 파악하는 능력 등도 겸비해야 한다. 젊은이는 사회생활을 하면서 언제 토의의 사회를 맡게 될지 모르기 때문에 평소 이러한 능력을 갖춰 두어야 할 것이다. 토의에서 사회자의 임무를 정리하면 다음과 같다.

—토의의 질서를 유지한다.
—부적합한 문제는 배제할 줄 알아야 한다.

-협동적 사고를 격려한다.

-토의의 진행 방향을 토의 목적에 부합하도록 유도한다.

-지나치게 토의를 도맡아서 지배하려는 회원을 견제한다.

-증거를 주의 깊게 사용하고 조심스럽게 논증할 것을 격려한다.

-간단히 토의 진행 상황을 요약한다.

-지나치게 소극적인 회원을 격려하여 더욱 적극적으로 참여하게 한다.

-논의한 것 중에서 중요하고 적합한 문제들을 정리한다.

-회원들에게 다시 풀어서 증명하고 의견의 일치를 찾아냄으로써 최종적인 결론
　이나 해결책을 도출하도록 한다.

　유능하고 뛰어난 지도력을 갖춘 사회자가 있다고 해도 토의의 핵심 당사자는 역시 토의 참여자들이다. 토의에 직접 참여하는 사람들이 협조하지 않으면 토의는 성공하기 어렵다. 토의에 참여하는 사람들은 다음 사항들을 유의해야 한다.

-참석자 전원이 들을 수 있도록 전체를 향해 말한다.

-질문을 받을 경우, 질문의 범위를 벗어나는 답변은 피한다.

-충분히 이해한 내용을 피력한다.

-반대를 위한 반대나 맹목적인 동조를 하지 않도록 한다.

-인신공격은 피한다.

-자기 의견만이 옳다는 독선에 빠지지 않도록 한다.

-시간과 규칙을 엄수해야 한다.

　토의에 참여한 사람은 성실한 자세로 다른 사람의 인격을 존중하며, 그들의 말을 수용하고 자기의 견해를 조심스레 전하여 모든 사람의 토의 능력이 극대화 되도록 해야 한다. 모든 사람이 이런 태도로 토의에 임할 때, 그 과정과 결과 모두 만족스러운 말하기가 될 것이다.

(2) 토의의 장점

협력적인 말하기의 전형으로서 토의의 장점을 기술하면 다음과 같다.

-어떤 문제에 대해 최선의 해결책을 마련할 수 있다.
-참가자들이 어떤 문제의 본질을 충분히 이해할 수 있다.
-문제 해결의 효율성이 높다.
-구성원들을 토의에 직접 참가시킴으로써 문제 해결을 위한 자발적인 참여 의식
  을 높여 준다.

(3) 토의의 순서

토의도 다른 말하기와 마찬가지로 일정한 절차를 갖는다. 토의의 절차를 정리하면
대체로 다음과 같다.

-문제 인식과 해결책 마련의 필요성 확인
-문제 분석
-가능한 모든 해결안의 제시와 검토
-최선의 해결안 선택
-해결안 시행

(4) 토의의 예절

토의가 상대방을 존중하고 협력하는 집단 말하기라는 사실을 잘 알고 토의자는 독
선적인 태도를 가져서는 안 된다. 토의 참석자들이 지켜야 할 예절을 정리하면 다음
과 같다.

─정확하고 분명한 발언

─강압적 화법은 금물

─발언 시간 독점 불가

─참가자 전원이 발언

─남의 발언을 가로채지 말 것

─상대의 주장을 존중

─타협과 양보

(5) 토의의 종류

▓ 원탁 토의(round table discussion)

원탁토의란 정상회담이나 좌담회에서 주로 쓰는 토의 형식이다. 이것은 10명 내외의 비공식적인 모임에 적당하고, 상하 구별 없는 자유로운 의사소통이 가능하다는 장점이 있으나 분위기가 산만해지기 쉽고 해결책 도출에 시간 낭비가 심하다는 단점이 있다. 원탁 토의는 참가자들이 동등한 입장일 때 특별히 적합한 토의 방식이다.

▓ 포럼(forum)

고대 로마의 광장에서 비롯된 것으로, 정책 결정을 위한 공청회를 말한다. 따라서 포럼은 공공의 문제에 대한 공개 토의에 적합하다. 포럼의 형식은 대체로 '전문가의 강연'과 '청중의 질의', 그리고 '응답'으로 구성된다. 포럼 역시 사회자의 선정이 중요하다. 사회자는 남의 이야기를 잘 듣고 정리하여 질문을 끌어낼 수 있는 능력과 분위기 조성 능력이 있어야 한다.

▓ 패널 토의(panel discussion, 배심식 토의)

패널 토의는 시사 문제를 다루기에 좋은 토의 방식이다. 대체로 어떤 집단의 의견을 대변하는 패널 4~8명이 사회자의 주관 하에 관련 문제를 토의하는 것이다. 패널들의 토의가 끝나면 청중도 사회자의 승인 하에 패널을 지명하여 질문하거나 의견을 개진할 수 있다. 패널 토의의 주제는 찬성과 반대가 명백한 성질의 것이라기보다 결론이 여러 각도에서 이루어질 수 있는 주제가 바람직하다.

심포지엄(symposium)

심포지엄이란 어떤 문제에 대하여 서로 다른 의견을 가진 3~6명의 권위자나 전문가가 여러 각도에서 각각의 의견을 발표하여 토의하는 말하기 형식이다. 흔히 일반적인 학술대회를 심포지엄이라고 부른다. 심포지엄은 주제에 대한 찬성과 반대를 구하는 것이 아니라 여러 분야의 전문가들이 생각하는 것을 10~20분간 차례로 청중에게 발표하는 것이다. 발표자들은 미리 주제를 연구하여 발표 원고를 준비한다. 그리고 발표자들의 발표가 끝나면 청중도 토의에 참여할 수 있다.

심포지엄을 주도하는 사회자는 토의할 문제를 소개하고 그 중요성을 청중들에게 인식시킨 다음 각 연사들이 전개하는 논점을 파악하도록 유의시킨다. 청중들의 신뢰감을 높이기 위해 연사들이 그 방면의 권위자임을 알려 주고 연구 업적을 소개하기도 한다.

심포지엄은 대부분의 시간을 의제에 관한 해결책을 밝히는 데 소모하고 의견의 상충을 최소한도로 줄인다는 점에서 전형적인 협력적 말하기이다. 그러나 발표자 상호 간의 의견 교환이 의견의 일치를 도모하는 것이 아니라는 점에서 일반적인 토의와는 차이가 있으며, 이것이 심포지엄의 한 특성이다.

브레인스토밍(brain-storming)

브레인스토밍은 참신한 아이디어들을 찾아내려는 목적을 갖는 토의의 하나이다. 따라서 집단의 구성원들은 브레인스토밍을 함으로써 즉석에서 아이디어를 생각해 내어 공동의 문제에 대한 해결안을 마련하려고 한다. 구성원 각자가 가능한 해결책을 빠르게 제시하는 것이 브레인스토밍의 특징이다. 이 브레인스토밍은 용어의 정의, 문제점의 발견, 논쟁거리 찾기, 주장의 전개, 해결 방안 마련 등 여러 가지 목적을 위해서 유용하게 쓰인다. 브레인스토밍의 구체적 방법을 정리하면 아래와 같다.

- 그룹 인원 수 제한: 보통 15명을 최대수로 보며, 두세 명의 작은 그룹이 적당하다.
- 시간 제한: 20분에서 40분 정도가 효과적이다.
- 문제의 사전 제시: 그룹에 상정할 문제를 회의를 시작할 때, 또는 회의 시작 하루나 이틀 전에 제시한다.
- 모든 참가자들의 참여: 지도자는 친밀하고 자유스러운 분위기를 조성하여 참가자들이 새로운 아이디어를 생각해 내고, 다른 사람들의 아이디어를 수정, 발전시키도록 고무한다.
- 조직적인 사고는 불필요: 브레인스토밍의 목적은 관련이 없거나, 썩 훌륭하지 않은 아이디어라 할지라도 '일단 표현이 되면 좋은 아이디어를 만들어내는 계기가 될지도 모른다.'는 이른바 방아쇠 효과를 얻고자 하는 것이다.
- 비판 불허: 비판은 아이디어 산출을 저해하고, 방아쇠 효과의 가능성을 방해할 수 있다.
- 모든 아이디어의 기록: 전혀 가치가 없어 보이는 것까지 포함한 모든 아이디어들을 기록한다.
- 아이디어의 평가: 제안된 다양한 아이디어 중에서 효과와 실행 가능성에 초점을 맞추어 가장 나은 것을 선정한다. 이것을 '평가하기'라고 하는데, 평가하기는 토의에 참여하지 않은 다른 소집단이 하는 것도 좋다. 평가를 하기 전에 아이디어 목록을 잘 정리해야 한다.

브레인스토밍은 상당히 단순한 토의이다. 브레인스토밍에서 나온 아이디어는 "누구라도 그런 생각쯤은 할 수 있다."는 논평을 받을 수도 있다. 그러나 중요한 것은 대부분의 경우 아무도 이전에는 그런 생각을 해내지 못했으며, 브레인스토밍이 없었다면 그런 특정 아이디어를 아무도 생각하지 않았을 수도 있다는 것이다. 브레인스토밍에서 나온 많은 아이디어들이 아주 '시시한 것'일 수 있지만, 전에는 전혀 생각지도 못했던 중요한 아이디어가 단 한 가지라도 나온다면 이 토의는 가치가 있는 것이다.

버즈 세션(buzz session)

어떤 문제에 관련된 모든 사람이 소집단을 이루어 토의하고, 그 결과를 다시 토의하는 방식으로 문제를 해결하는 것이다. 패널 토의는 회의장이나 토의 내용에 대해서 아무리 연구하더라도 그 본질은 질의응답의 형식을 벗어날 수 없으며, 발언도 일부에 한정되는 결함이 있다. 이러한 패널 토의의 결함을 보완하기 위하여 고안한 토의 방식이 버즈 세션이다. 벌이 윙윙거리는 것처럼 소집단으로 나누어 분할 토의를 한 뒤 다시 통합 토의를 하는 형식이다. 따라서 어떤 문제의 해결에 참여하는 인원수가 많을 경우 전원이 발언하기가 어려우므로 적은 인원으로 몇 개의 소집단을 만들어 토의하는 형식을 취한다. 이 때 소집단의 인원수는 7인 내외가 좋다.

버즈 세션의 목적은 토의 참가자 전원이 의견을 제출하는 데 있다. 아무리 많은 인원이 있다고 하더라도 소집단화하면 하면 모두 참여가 가능하다. 그리고 소집단 안에서는 서로의 마음을 열어 친근감이 높아지므로 결속 효과가 크다.

그러나 버즈 세션에서는 많은 의제를 토의할 수 없다는 단점이 있다. 버즈 세션은 분할 토의나 통합 토의의 과정을 거치기 때문에 복잡한 의제라도 간명하게 하는 것이 좋다. 또 전문적 지식을 필요로 하는 의제의 토의에는 부적절하다. 이때에는 전문적 지식에 대한 교육을 한 후에 이를 시도하는 것도 좋다.

필립 66

버즈 세션과 비슷한 것으로 전체 집단을 6명씩의 소집단으로 나누어 6분 동안 집중적으로 토의하는 것을 필립 66이라고 한다. 1948년 필립스라고 하는 사람이 창안해 낸 데서 이렇게 이름 붙였다고 한다.

필립 66을 원활히 진행하기 위해서는 각각의 소집단의 사회자를 정하고 6인이 모일 수 있는 자리를 배치하여야 한다. 그리고 토의의 규칙을 고지하고, 시간을 준수하기 위해 자명종 등을 준비한다. 정리한 의견을 발표할 사람과 기록할 사람을 정한다. 토의한 내용은 모두 기록하고, 사회자가 선택된 결론을 발표한다.

1 백화점에서 새로 진열한 상품의 판매 촉진을 위한 브레인스토밍을 해보자. 10명의 조를 편성하고 지도자를 정하여 실시하되, 상품의 종류, 역할 등은 조별로 정하도록 하자. 조별 시연을 경청하고 평가해 보자.

• 평가 내용

－브레인스토밍 방법을 준수하는가?(상, 중, 하)

－적극적으로 참여하는가?(상, 중, 하)

－지도자의 역할은 적절했는가?(상, 중, 하)

－제시한 아이디어 중에서 실행 가능한 것이 있는가?(상, 중, 하)

2 '통신 언어 사용 실태'에 대한 대책을 조별로 마련하고, 대표와 사회자를 정하여 포럼을 개최해 보자. 포럼의 결과를 평가해 보자.

• 평가 내용

－포럼의 진행 절차는 어떠했는가?(상, 중, 하)

－발표자의 발표 내용은 어떠했는가?(상, 중, 하)

－사회자의 역할은 어떠했는가?(상, 중, 하)

－결론은 타당한가?(상, 중, 하,)

－청중의 태도는 어떠했는가?(상, 중, 하)

02 | 회의

(1) 회의의 정의와 기능

회의란 어떤 회합에서 이루어지는 토의의 일종이다. 따라서 회의는 특정 의제를 탐구하고 해결하기 위하여 여러 가지 의견이나 정보를 적극적으로 교환하고, 공통의 이해 아래 의견의 일치를 도모한다. 그러나 회의는 토의와 달리 반드시 어떤 회합이 전제된다. 회합이란 국회, 의회, 국무회의 등 공적인 모임뿐만 아니라 동창회, 친목회 등 사적인 모임도 모두 포함한다. 그리고 회의는 반드시 회합의 회칙에 따라 진행된다. 일반적으로 회칙에는 정기회의나 임시회의 등에 대한 규정이 있는데, 회의는 이 규정에 따라 열리는 것이 상례이다. 회칙에는 회의와 관련한 사항으로 의장이나, 서기 등 회의 진행자에 대한 규정도 함께 있는 것이 보통이다. 또한 회의는 토의와 달리 소수의 의견을 존중하기는 하지만 결론으로 채택하는 경우가 거의 없다. 회의는 결정을 내릴 때 대부분 다수결의 원리를 따르기 때문이다.

인간은 단순히 개체로서만 존재하는 것이 아니라 집단의 구성원으로 살아간다. 태어나면서 가족의 구성원이 되고, 지역 사회의 일원이 되며 국민의 한 사람이 된다. 학교 사회의 구성원이 되기도 하고, 친목회에 가입하기도 하고, 직장에서도 한 역할을 담당한다. 우리가 속한 이들 집단은 어디나 공동의 문제를 갖고 있다. 회의는 우리가 소속한 집단의 문제를 효과적으로 해결하기 위해 마련한 장치이다.

회의는 다음과 같은 몇 가지 기능을 한다. 첫째, 문제 해결의 기능을 한다. 회의는 견해의 차이를 없애고 각 분야의 전문적 지식, 기술과 연구 성과를 통합해서 문제 해결의 방안을 마련하게 한다. 둘째, 회의는 각기 다른 분야에서 활동하는 사람들에게 일반적인 방침이나 기획을 알리고 각자의 역할을 분담하여 조직 운영의 통일성을 기하게 하는 소통의 기능을 한다. 셋째, 여러 사람이 모여서 자기의 전문 지식을 토의하는 가운데 상호간에 자기 발전을 도모할 수 있기 때문에, 회원들의 지식과 견해를 넓히는 교육 훈련의 기능을 한다. 끝으로, 회의는 집단의 구성원들에게 권위를 분산하여 온갖 지식, 경험, 사상, 의견을 끌어내고, 또 한편으로는 구성원들에게 이것들을 고루 되돌려 주어서 각자가 지닌 것 이상의 수준으로 끌어 올리게 하는 능력 향상의 기능을 한다.

(2) 회의의 원칙

회칙에 따라서 진행하는 회의는 여러 가지 원칙들이 정해져 있다. 아래에 회의에서 채택하고 있는 원칙들을 제시한다.

▪ 정족수의 원칙

회의에서 의안을 심의하고 그것을 의결하는 데 필요한 일정수의 인원을 정족수라 하는데, 정족수의 원칙은 일정 수의 인원을 갖추어야 회의가 성립하는 것을 말한다. 대체로 규모가 큰 회의는 정족수를 낮게, 적은 회의는 크게 하는 경향이 있다.

▪ 일 의제의 원칙

일 의제의 원칙은 언제나 한 번에 한 의제만을 다루어야 하는 원칙을 말한다. 즉, 의장이 한 의제를 선포한 다음에 토론과 수정 등을 거쳐서 그 채택 여부를 표결로 결정하기 전에는 다른 의제를 동시에 상정할 수 없다는 원칙이다.

▪ 발언 자유의 원칙

회칙이나 의사 세칙에 규정한 한도 내에서 구성원은 누구나 자기 의사를 자유롭게 표현할 수 있다는 것이 발언 자유의 원칙이다.

▪ 의원 평등의 원칙

회의 참석자는 누구나 동등한 자격을 가지고 의사 결정에 참여할 수 있다는 것이

의원 평등의 원칙이다. 계급이나 직위에 따라 비중을 달리하는 표결 규정은 민주적
회의에서는 있어서는 안 된다.

폭력 부정의 원칙

회의 진행상 의견이 서로 다르다고 해서 폭력으로 제압하거나 인격적으로 무시하
는 일이 있어서는 안 된다는 것이 폭력 부정의 원칙이다.

다수결의 원칙

더 많은 사람이 찬성하는 쪽으로 의사를 결정하는 것이 다수결의 원칙이다. 가부
동수(可否同數)일 때는 부결로 처리하는 것이 일반적인 경향이다. 이는 변화를 일으
키기 위해서는 더 많은 사람의 찬성이 필요하다는 보수적인 전통에 의한 것이다. 이
원칙을 지키면서도 소수 의견을 존중해 주는 것이 민주적인 회의의 특징이기도 하다.

일사부재리의 원칙

일단 부결이나 가결된 의안은 그 회기 중에는 다시 토의에 붙이지 않는다는 것이
일사부재리의 원칙이다.

회기 불계속의 원칙

당해 회의에서 의결하지 못한 사항은 다음 회기에서 자동적으로 폐기되는 원칙을
말한다. 이는 부결된 의안을 악용하여 회의를 공전시키려는 행위를 미연에 방지하려
는 장치이다.

(3) 회의의 구성

회의는 집단 토의의 일종이므로 당연히 그 집단을 구성하는 구성원이 있게 마련이

다. 회의의 구성원은 의장, 의원, 서기, 관찰자, 조언자로 되어 있다. 이 중에서 관찰
자와 조언자는 회의의 성격에 따라 없을 수도 있다.

의장

의장의 중요한 책무 중 하나는 사회이다. 의장은 보통 정해진 의사 운영 규정에
따라 구성원 가운데서 선출하고 그 규정한 바에 의하여 권한을 행사하며 사회를 맡
아 회의를 진행한다.

훌륭한 사회자가 되기 위해서는, 여러 사람의 다양한 이해를 통합할 수 있는 능력
을 가진 사람이어야 하며 소수에 대한 심리적 배려를 할 줄 알아야 한다. 또 임기응
변의 요령과 융통성, 합리성, 솔직성, 포용성, 책임감, 성실성 등을 갖추어야 한다.

의장은 자기에게 주어진 고유한 권한을 행사하면서 바람직한 의사 결정에 이를 수
있도록 회의 전반을 관장해야 한다. 성공적인 회의를 위해서 의장은 회의 전에 회의
목적, 의사일정, 협의 사항, 회의 일시 장소의 통고, 기타 회의장 준비에 관한 일 등
을 확인하여야 한다.

의장은 회의 중에 항상 중립적인 태도를 견지하고 찬반 양측에 공평한 발언권을
부여하여 충분한 토의가 이루어지도록 해야 한다. 의장은 동의(動議)를 할 수 없는
것도 의장이 엄정한 중립을 지킬 수 있도록 하기 위함이다. 논쟁이 격렬해지면 양측
의 논지를 잘 파악해서 정당하고 정확한 판단으로 의견의 차이를 좁혀갈 수 있게 해
야 한다.

서기

서기는 의장의 지시를 받아 회의록을 기록하며 회무(會務)를 맡아본다. 회의에서
서기의 임무는 다음과 같다.

- 회원 명부 보존, 필요 시 의원의 출석 점검
- 임원, 의원과 그들이 위임한 대리인 공식 발표

-별도의 명문 규정이 없을 때, 회계상의 서류에 의장과 함께 서명
-회칙, 내규 등을 성문화하여 보존
-모든 의원에게 참고 자료 제시
-의장에게 의사일정에 필요한 자료 제공
-각 의원과 관련 단체에 회보 발송
-회의록 기록

▦ 의원

의원은 회의의 당사자로서 의사 결정에 직접 참여하는 회의의 주체이다. 이들이 회의에 임하는 자세와 태도가 그 회의의 성격을 결정한다. 또 결정된 사항에 대한 실천의 의무도 이들이 진다. 의원은 바람직한 의사 결정에 이르기 위해서 아래 사항들을 지켜야 한다.

-회칙을 숙지하고 회의에 임할 것
-토의할 의제를 충분히 연구할 것
-의견을 진술할 때는 의제를 벗어나지 말 것
-타인의 의사를 존중할 것
-서로 신뢰감을 갖고 대할 것
-협력 정신과 관용의 태도를 견지할 것
-적극적으로 회의에 임할 것(단, 흥분하거나 편견에 사로잡히지 않을 것)
-시간을 엄수할 것

회의에는 회칙에 따라 특별한 위원회나 부서를 설치할 수 있다. 일정한 자격 요건을 갖춘 구성원들이 이루는 회의는 구성원 각자가 맡은 역할을 다할 때, 더욱 성공적인 결과를 얻을 수 있다.

⬛ 회의록

　회의록은 회의에서 결의한 사항과 보고한 사항을 기록한 것이다. 이 회의록은 후일의 증빙을 삼는 것이므로 중요 안건의 누락이나 착오가 없이 간명하고 요령있게 기록해야 한다. 회의록 끝에는 회장과 서기가 서명 날인하며 회의록을 작성할 때 다음 사항을 유의해서 빠뜨리는 일이 없도록 해야 한다.

　－회의의 종별(정기, 임시)

　－집회의 명칭

　－장소, 일시

　－의장과 서기의 참석 여부와 그 대리인의 명칭

　－지난 회의 결정 사항 실행 여부

　－원동의(原動議)를 제출한 사람과 의결건의 명칭(철회한 것은 제외함.)

　－규칙에 따른 발언과 청원의 요약, 부결·폐기되지 않은 모든 다른 동의

　－참석자(필요시는 불참자 명단)

　－진행 순서

　－산회 시간

⬛ 관찰자

　회의의 관찰자는 회의를 관찰하여 회의가 끝난 뒤에 평가, 반성의 자료를 제공하는 역할을 한다. 소규모 회의에서는 따로 관찰자를 두지 않지만 국가 간의 이익이 걸려 있는 대규모 국제회의에서는 비회원국이 자국의 이익을 위해 관찰자를 참가시킨다. 이 경우 관찰자는 방청하면서 의견을 진술할 수는 있으나 표결에는 참여하지 못한다.

⬛ 조언자

　조언자는 토의나 강연식 회의 같은 다수 회의에서 의원들이 당면하고 있는 여러

가지 문제에 대한 전문적, 기술적인 자문을 맡은 사람을 말한다. 이들은 의사 결정에 직접 참여하지는 않지만 문제 해결을 올바르게 해나갈 수 있도록 조언을 하며 간접적인 영양을 미친다. 그렇더라도 조언자는 회의의 주체가 아닌 만큼 한계를 벗어나는 발언은 하지 않는 것이 원칙이다.

(4) 회의의 진행

회의를 시작하기 전에 의장은 회의장을 정리한다. 사회는 의장이 맡는다(의장이 유고이면 부의장이, 이들이 모두 유고라면 임시 의장을 선정해서 의장을 대신하여 사회를 보게 한다). 정족수에 달하지 못하면 의장은 유회를 선언한다. 회의는 다음 순서로 진행한다.

개회 선언

회의 성립 요건을 갖추면 의장은 개회를 선언한다.

개회사

의장은 개회사를 하면서 다음 사항을 주의해야 한다.
- 회의의 목적을 분명히 밝힌다.
- 의제와 진행 방법에 대하여 간단히 설명한다.
- 참석자 전원의 협력을 당부한다.

경과보고

의장은 회의가 있기 이전의 경과에 대해 의원들에게 보고한다. 이 보고는 전번 회의 이후의 중요 현안이나 새로 발생한 안건의 전말을 간략하게 다루어 이번 회의를 원만하게 진행하는 데 도움을 준다. 이는 의장이 직접 할 수도 있고, 서기가 회의록을 낭독하는 것으로 대신할 수도 있다. 보고가 끝나면 회의록 중에서 정정 또는 가제 (加除)할 내용이 있는가를 확인하여 처리한다.

점명

필요에 따라서 서기가 회원 명부에 의해 참석자를 점검한다.

위원과 임원의 보고 사항

회합의 각 부서별 또는 분과 위원별로 사무 처리의 보고를 요할 때 의장은 해당 임원 또는 위원들로 하여금 그 사무 처리의 경과나 전말 등을 보고하게 한다. 각 보고가 끝나면 의장은 그때마다 보고 사항에 대한 이의를 확인하여 처리해 나간다. 만약 이의가 있을 때는 동의(動議)로 받아들여 처리한다.

토의

토의할 사항에는 미결 사항과 신규 사항이 있다. 미결 사항은 앞 회의에서 결말짓지 못하고, 이번 회의에 이월한 안건으로 이번 회의에서는 이것을 최우선으로 처리한다. 미결 사항이 없으면 바로 신규 사항 토의로 들어간다.

미결 사항의 처리가 끝나면 새로운 본회의의 안건을 처리한다. 의안은 분과위원회에서 미리 결정하는 수가 많으나 의원이 동의로 제안하는 경우도 있다. 제안은 재청, 삼청자가 있어야 비로소 동의로서 채택한다. 동의가 삼청으로 성립되기 전에는 토의의 대상이 되지 못하며 일단 성립되면 그 토의가 끝나거나 특권 동의가 새로 성립되기 전에는 그 외의 의안을 토의할 수 없다.

동의의 취지는 좋으나 그 중 일부분이 부적절할 때는 그 부분을 수정하는데, 이 또한 재청, 삼청의 절차를 밟아야 하고, 이것이 통과되지 않으면 원안(原案)으로 돌아가 토의한다. 발언이 토의 중에 있는 중심 문제를 이탈했을 경우에는 의장은 그 발언을 중지시키고 다른 회원에게 발언권을 줄 수도 있다. 의장은 동의 또는 주요 논점을 충분히 토의했다고 생각할 때에는 곧 표결을 제안하여 표결로 들어간다.

안건을 토의할 때는 회칙을 준수하면서 정확한 자기 의사를 표시하고 반대자의 견해를 수용하여 서로가 공감할 수 있는 결론에 이르도록 노력해야 한다. 제안을 할 때는 적절한 시기에 자기가 주장하는 요점을 분명하게 말하고 그 이유를 설명한다. 제안을 할 때는 다음과 같은 4단계를 밟는 것이 효과적이다.

> [1단계] 구체적인 사실을 진술한다.
> [2단계] 현상의 문제점을 말한다.
> [3단계] 개선하는 제안의 목표를 설명한다.
> [4단계] 실제로 할 수 있는 방법을 말한다.

토의 중에 다른 사람의 의견에 반대하는 견해를 말할 경우에는 도전적인 태도, 흥분한 표정, 경멸하는 듯한 어조, 불쾌한 감정적 표현 등은 피한다. 상대방의 의견이 잘못된 것이라 하더라도 상대편에서는 진지하게 생각하고 옳다고 여겨서 발언한다는 사실을 인정해야 하며 반대를 위한 반대라는 인상을 주지 않도록 해야 한다.

결정 사항 낭독

회의에서 결정한 사항을 낭독하여 전체에게 주지시키고 희의록에 기록한 사항이 틀림없음을 확인한다.

폐회

토의가 끝나거나 정한 폐회 시간이 되었을 때, 시간 연장의 동의가 상정되지 않는 한 의장은 폐회를 선언한다. 정회(停會), 휴회(休會)는 잠시 쉬었다가 다시 회의를 계속하는 것이므로 폐회와는 다르다.

　　동의란 합의체의 구성원이 회의 중에 토의할 안건을 제안하는 일 또는 그 제안을 말한다. 곧 동의는 결정을 필요로 하는 안건의 한 항목을 제출하는 것이다. 그러나 동의가 의제(議題)가 되기 위해서는 일정한 수의 찬성자를 필요로 한다. 동의의 제출은 다음 단계를 따른다.

- 일어나서 의장에게 발언권을 신청한다.
- 의장은 그 의원을 호명하여 발언권을 준다.
- 동의를 제출한다.
- 다른 의원이 그 동의에 재청, 삼청한다.
- 의장은 모든 의원에게 이 동의를 설명한다.

　　발언권의 신청은 "의장!" 하고 공식 명칭을 부르면 되고 의장이 호명하는 것으로 발언권을 준다. 지명을 받으면 그 의원은 자기의 소속과 이름을 대고 발언을 한다. 동시에 여러 사람이 발언을 신청하면 의장은 다음 사항을 참조하여 발언 순위를 정한다.

- 처음 기회를 갖는 동의자
- 토의에 이미 참가한 사람보다는 처음 참여하는 사람
- 동의의 지지자와 반대자에게 균등한 발언 기회 부여

　　동의가 있으면 의장은 그 요지를 되풀이해서 말하고 재청의 유무를 물은 다음, 이의 유무를 묻고 끝으로 가부를 물어 가부 결정을 한다. 다만 동의가 회의 방침에 어긋날 때, 또는 위법, 범법에 속하는 경우에는 의장이 이를 지적하여 철회시킨다.

1 수강생 모두를 회원으로 가정하고, 다음 중 한 의제를 택하여 회의를 해 본 다음 평가해 보자.

(1) 소속 학과의 현안

(2) 수업 중 스마트폰 사용의 문제

- 평가 내용

  - 의장의 역할(상, 중, 하)

  - 회원의 발표 내용(상, 중, 하)

  - 회원의 태도(상, 중, 하)

  - 결론의 타당성(상, 중, 하)

  - 회의의 진행 절차(상, 중, 하)

2 국회, 지방의회와 같은 회의를 방청하고 그 소감을 말해 본다.

제9장

토론

01 | 토론의 개념과 요건

토론(debate)은 어떤 논제에 대해서 찬성자와 반대자가 각기 논리적인 근거를 제시하여, 자기 의견의 정당함과 상대방 의견의 부당함을 주장하는 말하기이다. 토론은 토의(discussion)라는 개념과 종종 혼동하기도 한다. 토론은 넓은 뜻의 토의에 속한다. 어떤 문제에 대하여 일정한 견해를 가진 사람이 모여서 그 문제의 해결을 위해 서로 의사를 교환하는 말하기라는 점에서는 이 둘이 같은 성격을 갖기 때문이다. 그러나 좁은 뜻에서 토의와 토론의 차이점은, 토의는 문제의 해결을 위해 의견의 일치점을 협력으로 찾아내는 과정이다. 그러나 토론은 토론자 사이에서 서로 상대방을 자신의 의견이나 주장으로 설득하려고 노력하기 때문에 표면적으로는 의견의 일치를 찾는다고 볼 수도 있지만, 근본적으로는 문제의 대립 점에 대하여 긍정과 부정의 의사를 첨예하게 표면화시키는 것이다.

토론은 자기의 의사와 상반되는 입장의 상대방을 향해 이루어지는 말하기이다. 따라서 논리적인 설득이 토론의 목적이다. 이때 상대방의 동정심이나 감정에 호소하기보다는 냉철한 지성과 판단력에 호소한다. 이런 이유로 우리 사회에서는 발생한 제반 문제들에 대한 주장의 대립을 토론으로 해결하려는 경향이 증대하고 있다. 사람들은 토론을 통해 논리적 사고력을 배양하고 학문의 발달을 추구하며, 사회적 모순을 타파하여 공동사회의 질서를 유지하려고 하는 것이다. 현대사회에서도 대립과 갈등을 합리적으로 해결하고 각자의 신념을 구현하며 살아가려는 사람들에게 토론은 그 방법론을 제공해 준다.

일상적인 말하기와 토론은 다소 차이가 있다. 토론은 상대방의 주장을 논박하여 상대의 주장이 그르고 자기의 주장이 옳음을 입증하려는 말하기이다. 따라서 토론은 반드시 말하기의 승패를 가리려고 한다. 일상생활의 모든 말하기를 이러한 방식으로 하려는 사람이 있다면 언제나 분쟁에 휘말려 있는 것처럼 보일 것이다. 일상의 말하기는 대인 관계를 발전시키는 데 관심을 두지만, 토론은 오직 자기의 주장을 논증하는 데 주력한다.

일반적으로 토론이 성립하려면 다음과 같은 요건이 있어야 한다.

-토론의 대상이 될 논제
-논제에 대해 대립하는 의견을 가진 개인이나 집단을 대표하는 토론자
-공정한 진행을 위한 규칙과 형식
-토론 과정을 지켜 볼 청중이나 심판

토론의 가장 큰 특징은 하나의 논제에 상호 대립하는 주장을 가진 쌍방이 상대방을 논리적으로 설득하려는 데 있다. 쌍방은 사상이나 견해 자체에 차이가 있고, 특정 문제에 대한 의견, 해결안, 결론 등이 상호 대립 관계에 놓여 있다. 따라서 토론의 과정에서 자기주장의 근거나 증거를 제시해서 그 정당성을 논증하고 상대방 주장의 부당함을 논박해야 한다.

토론의 논제에는 몇 가지 특징이 있다. 일반적인 말하기의 경우에는 논제의 성격을 규정하지 않지만, 토론의 경우에는 논제에 논쟁거리, 곧 쟁점이 있어야만 긍정과 부정의 두 가지 주장이 생긴다. 따라서 토론의 논제는 "~해야 한다."(정책) 또는 "~인가"(사실)의 형식으로 명백하게 긍정과 부정의 대립 점을 가질 수 있는 표현을 사용한다. 논제의 내용이 명백해야 하므로 불명료한 용어는 토론을 시작하기 전에 해석상의 일치를 보아야 한다. 또한 논제는 하나의 명제에 한정해야 한다. 둘 이상의 주장을 내포하고 있으면 토론의 쟁점에 혼란이 야기된다. 이를 정리하면 다음과 같다.

- 논제는 '~해야 한다.'식의 긍정 명제가 좋다.
- 논제는 명백하게 긍정, 부정 양측의 대립을 야기할 수 있는 형식으로 표현해야 한다.
- 논제에는 모호성을 지니는 용어가 없어야 한다. 불명확한 용어가 있을 경우 쌍방이 토론에 앞서 의견의 일치를 보아야 한다.
- 논제는 단 하나의 명백한 주장으로 한정해야 한다.

03 | 토론의 구성원

토론의 구성원은 쌍방의 토론자와 청중, 토론을 지켜보고 판정을 하는 심판, 토론을 규칙에 따라 진행하는 사회자 등으로 되어 있다. 심판은 경우에 따라 없을 수도 있다.

토론의 사회자는 토론의 성격상 과격해지기 쉬운 분위기 속에서도 원만하게 찬·

반 양론을 전개하도록 진행하는 일을 한다. 이러한 일을 하기 위해서 사회자는 당파적인 편견을 갖지 않는 사람이어야 한다. 자연스러운 어조로 남을 위축시키지 않고 말할 수 있게 해야 하고 독선이나 자기 지식에 대한 아집이 없어야 한다. 따라서 사고에 융통성이 없고 특정한 사상적 경향을 지닌 사람은 부적당하다. 능변가나 전문가가 아니더라도 토론에 건설적으로 참가하고자 하는 사람으로 품위 있고 포용력 있는 사람이어야 토론의 사회자에 적합하다. 토론에서 사회자가 하는 역할은 다음과 같다.

- 토론의 장소와 참가자의 좌석을 정한다.
- 토론의 내용을 알린다. 토론이 본궤도에서 벗어나지 않도록 주의한다.
- 문제가 혼란해지거나 의견이 첨예하게 대립할 경우에는 논점을 정리해서 참가자 모두에게 다시 한 번 생각하게 한다.
- 어떤 사람이 말한 것이 다른 사람에게 잘 전해지지 않았을 적엔 그 말을 알아듣도록 다시 말해 준다.
- 부적합한 상황에서 중요한 의견이 나오면 메모해 두었다가 다음에 문제로 삼는다.
- 질문과 요약을 그때그때 삽입해서 토론의 진행을 돕는다.
- 결론에 이르면 그것을 정리해서 분명히 하고, 결론에 이르지 않으면 토론한 범위와 문제점을 정리해서 토론을 종결시킨다.
- 토론자로 하여금 의견과 사실을 구별하여 말하도록 한다.

토론에서는 토론자의 자세도 중요하다. 토론자는 자기의 주장을 충분히 숙고한 다음에 미리 검토한 증거를 제시하며 피력해야 한다. 토론자 쌍방은 그 주장의 쟁점을 분명하게 알고 있어야 하며, 시종일관 침착하며, 상대방에게 우호적인 자세로써 임해야 한다. 이를 정리하면 다음과 같다.

- 주장은 충분히 생각한 것이고, 증거는 타당성이 있는 것이어야 한다.

−토론자 쌍방이 쟁점을 분명히 인식하고 있어야 한다.

−화를 내거나 감정을 드러내는 식의 발언을 삼가고, 끝까지 침착하고 냉정한 자
세를 유지해야 한다.

04 | 토론의 규칙

토론은 특히 열띤 논쟁이 따르는 말하기이다. 토론의 참가자들은 자기의 주장은
옳고 상대의 주장은 그름을 뒷받침하기 위해서 온갖 논리적 근거를 동원하지만, 여
의치 않을 때에는 열의가 지나쳐 과격한 발언이나 인신 공격적 발언을 하는 수도 있
다. 이러한 부작용을 막기 위한 장치가 토론의 규칙으로서 공정한 게임을 추구하는
스포츠의 규칙과도 같다. 토론의 진행자인 사회자는 권투 시합의 주심처럼 토론자들
이 규칙을 잘 지키는지 아닌지, 혹시 반칙을 사용하는지 아닌지 등을 잘 따져서 조절
해야 한다. 보통 토론의 규칙에는 다음과 같은 내용들을 포함한다.

−시간의 제약
−발언 시간과 발언 순서의 규정
−긍정측부터 발언하게 한다(마지막 발언도 긍정측이 하도록 한다). 이것은 긍정측
이 여러모로 불리한 점이 많다고 보기 때문이다.
−논제는 하나의 주장을 포함하는 긍정 명제로 한다.
−논박의 시간은 쌍방이 똑 같게 한다.
−토론이 끝나면 판정한다.
−모든 토론은 구두로 한다.

(1) 이인 토론

가장 간단한 토론 형식으로 긍정자와 부정자, 곧 두 사람의 토론자와 한 사람의 사회자로 구성한다. 이인 토론은 짧은 시간에 토론할 수 있는 단순한 논제의 토론에 적합하다. 이인 토론의 시간 배분의 예를 보이면 다음과 같다.

> 긍정자: 10분간 자기 주장
> 부정자: 10분간 긍정자의 주장 논박
> 부정자: 5분간 자기 주장
> 긍정자: 5분간 자기 주장

(2) 이인조 토론

직파식 토론이라고도 하며, 한정된 시간을 쟁점에 집중시키려는 형식의 토론이다. 따라서 이인조 토론은 가능한 빨리 쟁점을 찾아내어 논증과 논박을 전개하기에 편리하다. 이인조 토론의 진행 순서와 시간 배분 등을 예시하면 다음과 같다.

> 〈제1 발언〉 - 주장
> 　제1 긍정자: 5분 발언
> 　제1 부정자: 5분 발언
> 　제2 긍정자: 3분 발언
> 　제2 부정자: 3분 발언

〈제2 발언〉 - 논박

제1 긍정자: 긍정적 주장을 보완한다(3분 발언).

제1 부정자: 제1 긍정을 논박한다(3분 발언).

제2 긍정자: 긍정적 주장을 계속 뒷받침한다(3분 발언).

제2 부정자: 제2 긍정을 논박한다(3분).

제1 긍정자: 긍정적 주장을 계속하고, 요약 정리한다(2분).

제1 부정자: 긍정적 주장을 논박하고, 요약 정리한다(2분).

(3) 반대 신문식 토론(the cross examination debate)

일반 토론 속에 법정에서 행하는 반대 신문 형식을 가미한 것이다. 이것은 미국 오리건 주립 대학에서 창안하여 오리건 스타일 토론이라고도 한다. 청중은 더욱 흥미 있게 지켜볼 수 있고, 토론자에게는 더 많은 준비와 세밀한 논박을 하게 하여 적극성을 높이게 한다. 사회자는 토론자들의 질문과 응답의 적부를 판정하거나 주지시킬 수 있다.

긍정자: 10분간 주장

부정자: 5분간 긍정 주장에 대한 반대 신문

긍정자에 대한 청중의 질문: 5분

부정자: 10분간 주장

긍정자: 5분간 부정 주장에 대한 반대 신문

부정자에 대한 청중의 질문: 5분

부정자의 답변: 3분

긍정자의 답변: 3분

반대 신문식 토론의 가치는 청중들이 여러 형태로 토론에 참가하기 때문에 많은 관심을 불러일으킬 수 있다는 것이다. 반대 신문식 토론은 전 과정을 체계적으로 잘 운영하면 좋은 효과를 얻을 수 있지만, 그만큼 세심한 배려가 뒷받침되어야 한다. 숙달되지 않은 토론자나 준비가 부족한 토론자는 불필요한 문제를 가지고 논쟁을 벌이기 쉽고 자가 당착에 빠지게 된다.

06 | 토론의 판정

토론이 있고 나면 반드시 판정이 뒤따른다. 국회의 표결이나 판사의 판결, 배심원 평결도 일종의 토론 판정으로 볼 수 있다. 법정의 판결은 재판관이 내리지만, 공식적인 토론회에서는 정해진 심판들이 내리게 된다. 경우에 따라서는 배심원을 뽑아서 판정하게 하거나 청중에게 할 수 있다. 정치인의 정책 토론이나 정견 토론에 대한 판정은 선거를 통해 국민이 내리게 될 것이다. 판정을 하는 데에 참고가 되는 평가 내용은 다음과 같은 것들이 있다.

- 일관된 주장을 펼치는가?
- 타당한 근거가 있는가?
- 쟁점을 분명히 인식하고 있는가?
- 상대편의 논지를 잘 파악하고 있는가?
- 유용한 자료를 진지하게 준비했는가?
- 결론이 명확한가?
- 시간이나 순서 등 규칙을 잘 지키는가?
- 발성, 용어, 태도 등은 적당한가?

07 | 토론의 방법

토론을 성공적으로 이끌기 위해서는 토론 참가자가 토론 방법을 충분히 숙지하고 있어야 한다. 토론 방법을 익힐 때는 다음 사항을 유의해야 한다.

- 논쟁 중인 문제를 판단하는 데 필요한 자료를 가능한 한 여러 방면, 여러 각도에서 수집 정리한다.
- 자기주장을 명확하게 논리적으로 피력할 수 있도록 여러 가지 논법에 대해 조사하고, 이것들을 쓸 수 있도록 노력한다.
- 확신을 갖고 상대방을 설득할 수 있도록 화법에 대하여 끊임없이 연습한다.
- 토론의 대상이 되는 각종 문제에 흥미를 갖고 그 방면의 정보나 지식을 탐구한다.

토론을 갖기 전에 실제 토론에서 필요한 제반 사항을 철저하게 준비하는 것이 좋다. 논법이나 화법은 단시간 내에 갖춰지는 것이 아니기 때문에 평소에 이러한 능력을 갖추도록 연습하는 것이 바람직하다.

토론의 준비가 갖춰지면 실제 토론에 들어가 토론을 전개한다. 토론은 명제가 이미 주어지기 때문에 토론자는 각자가 준비한 자료를 근거로 하여 자기가 주장하는 입장의 정당성을 논증한다.

논증이란 주장으로 나타나는 어떤 판단에 대해서 그 확실성 내지 개연성을 입증할 수 있는 근거를 제시하는 것을 말한다. 논증해야 하는 판단을 뒷받침하기 위해 마련한 근거를 논거라고 한다. 일반적으로 논거가 되는 것은 객관적으로 확실한 진리, 또는 경험적 사실이다. 따라서 논증이란 이러한 진리 또는 사실을 전제로 하고 판단을 결론으로 하는 추리이다. 그리고 이러한 판단 곧, 결론은 미리 정해져 있다는 점이 특징이다. 다시 말해서 토론에서는 논제에 대한 찬성과 반대가 결론으로서 미리 표면화되고 그것을 타당한 논거를 들어 증명해 보이면 된다. 논증을 하는 데는 다음 규칙들을 지켜야 한다.

−논증에 사용하는 개념이나 판단은 일정 불변한 의미로 시종일관하여야 한다.

−논증의 근거가 되는 전제는 자명한 진리 또는 이미 증명된 것이어야 한다.

−논증되지 않은 주장을 다른 주장의 논거로 사용해서는 안 된다. 만일 이것을 범하면 순환론의 오류에 빠진다.

−논증해야 할 주장과 관계없는 판단을 논거로 써서는 안 된다.

−논증할 때에, 그 도중에 논증의 범위, 즉 논점을 변경해서는 안 된다.

−논증은 단계를 좇아 점진적으로 완전하게 해야 하며 논거의 부족이 있어서는 안 된다.

토론을 할 때는 토론의 논제나 대상, 형식에 따라 차이가 있지만 대체로 다음과 같은 요령을 취한다.

−자기주장을 분명하게 제시한다.

−상대방의 토론의 근거가 되는 사실이나 논거를 일단 인정한 뒤 되도록 자기표현으로 문제점을 지적하고, 상대방에게 그것을 확인한다.

−자기주장의 근거가 되는 사실이나 논거가 한층 가치가 있고 신뢰성이 있음을 분명히 한다.

−상대방의 주장을 주의 깊게 듣고 여러 각도에서 문제시하여 분석하고, 논거의 약점을 추출하여 논박한다.

−논거가 빈약하고 불분명하면 상대방에게 반박의 여지를 주므로 상대방의 입장에서 자기의 주장을 평가해 본다.

−자기 토론의 논지를 일관성 있게 하고, 그 요점을 명백하게 되풀이한다.

−필요에 따라서는 상대방을 납득시켜 자기의 주장에 동의하도록 하고, 피드백을 충분히 활용한다.

토론은 정확하게 말하고 듣는 능력이 필요하다. 거기에다가 고도의 사고력과 판단력을 요구한다. 토론을 잘하는 사람은 높은 지적 수준을 가진 사람이라고 할 수 있다. 평상시에 가능한 한 자주 토론회를 참관하고, 직접 토론에 참여하는 기회를 가져 보는 것이 토론 능력 향상에 도움이 된다.

1 다음은 어떤 언론의 지상 토론 내용의 일부이다. 실제 토론이라는 생각으로 상상하면서, 토론의 개념이나 요건 등에 비추어 비판적으로 읽어 보자. 특히 찬성, 반대 양측의 주장과 논거를 주의 깊게 읽고 그 타당성과 설득력 등에 대하여 비판해 보자.

논제: 아파트 분양 원가, 공개해야 하는가?

[쟁점 1] 분양가를 공개하더라도 원가에 비해 과연 적정한 분양가가 얼마여야 한다는 문제는 또 다른 논란과 시빗거리가 될 것 같다. 건설업체의 분양가에 대해 소비자들이 적정성 여부를 판단할 수 있는 방법이 있는가.

이○○ 의원: 공사 원가의 신뢰성이나 적정성에 문제를 제기하고 있는데, 공사 원가 작성 기준을 기업 회계 기준에 따라 작성하도록 하면 된다. 아울러 공사 원가 공개 시점을 완공 시점 직후 결산 시에 공개하도록 하면 이런 신뢰성 문제는 전혀 우려할 필요도 없다. 건교부의 직접적인 간섭도 전혀 필요 없다. 공사 원가를 허위로 작성해 공개한다고 하더라도 이는 한 번뿐이지 계속해서 허위로 공사 원가를 계상할 수는 없을 것이다. 이는 통상 1년인 회계 연도 결산재무제표를 매년 작성해야 하는데 만약 사업 지구별로 허위로 공사 원가를 작성했다면 이를 총괄하는 결산재무제표 또한 수정해야 하는 문제가 발생한다. 이는 분식 회계로 이어져 더 큰 처벌을 받을 수 있다. 또한 공개한 공사 원가에 대한 신뢰성 문제는 소비자나 시민단체들이 자연스럽게 검증할 수 있을 것이다.

김○○ 박사: 원가 공개는 분양 가격 규제와 연계해야 한다. 공공 택지지구에서 분양하는 아파트는 택지비 공개와 더불어 분양가를 일정 수준으로 규제하는 것이 바람직하다. 택지개발촉진법 제1조에서도 공공 택지를 공급하는 궁극적인 목적을 국민 주거 생활의 안정과 복지 향상에 두고 있다. 주택 사업자가 택지 취득 단계에서 공공 부문으로부터 제도적 혜택을 받아서 건설한 아파트를 분양하는 경우에는 그 혜택의 일부가 국민에게 돌아가도록 하는 것은 당연하다. 따라서 공공 택지 지구에서 분양하는 주택은 규모에 관계없이 택지비를 공개해야 한다. 분양가 규제 방법으로는 각 지방 지치 단체에 '주택분양가격 심의위원회'를 설치하고 이 위원회에서 분양가를 결정하도록 하는 것이 바람직하다. 시행 시기는 미룰 이유가 없으므로 내년부터 바로 적용하는 것이 좋다고 생각한다. 원가 공개 방법으로는 분양 공고 시 단지별로 평당 택지비(택지취득가격, 금융비용을 포함한 부대비용)와 용적률을 공개하면 된다.

김○○ 회장: 정부는 이미 수십 년간 아파트 분양가에 대한 분석 자료를 가지
고 있으며 지난봄에도 아파트 분양가를 분석 평가해 보도하게 한 사례가 있
다. 이런 정부 자료를 근거로 하거나 정부 산하기구에서 분양하는 아파트 건
설비를 근거로 적정한 분양가에 대한 가이드라인을 제시하면 소비자들이 적
정한 분양가를 가늠할 수 있다. 구체적인 방법으로는 '원가 공개 공시제'를
도입하고, 원가 공개 대상은 아파트를 분양하는 모든 기업으로, 시행 시기는
내년 1월 분양 아파트부터 단지별 분양 원가를 공개하는 것이 바람직하다.
이와 같은 평가 시스템을 구축해 분양가를 과다 책정한 업체에 대해서는 각
지자체에서 분양 승인을 거부하는 등의 강력한 정책을 실시해야 한다.

이○○ 의원: 분양 원가를 공개하는 아파트 건설 규모는 수도권 및 투기 지역
의 경우는 100가구 이상, 그 이외 지역의 경우는 300가구 이상으로 하는 것이
효율적이라고 본다. 아울러 분양 원가 공개 시점은 원가 공개의 신뢰성을 극
대화하기 위해 완공 직후 최초 결산 시에 공개하도록 해야 한다.

민○○ 부회장: 아파트 분양가는 지역이나 위치, 품질, 평형에 따라 다를 수밖
에 없다. 원자재인 택지비, 자재비, 하도급 비용, 기술 수준, 금융 비용 등 원
가 구성 요소가 개별 회사마다 다르기 때문에 분양가 책정에 가이드라인을
설정할 수 없다. 따라서 단순히 주변 시세보다 분양가가 높다고 해서 높게
책정됐다고 주장하는 것은 내용을 잘 모르는 억지 논리다. 소비자의 입장에
서도 교통의 편리성이나 교육 여건, 주위 환경, 주변 시세, 발전 가능성 등 나
름대로의 판단기준에 따라 분양가가 적절한지를 검토하고, 분양 신청 여부를
결정하는 것이다. 따라서 지역 수준이나 소비자의 선호를 무시하고 단순히
분양가가 높다 또는 낮다고 할 수는 없다. 결국 분양가의 적정성 여부에 대
한 판단 주체는 공급자가 아니라 바로 소비자다.

[쟁점 2] 분양 원가 공개가 주택 공급을 위축시키는 등 주택 시장에 악영향을 미
칠 것이라는 우려도 적지 않은데 이에 대해서는 어떻게 생각하는가.

김○○ 부회장: 정부가 분양가 과다 책정을 방지하기 위해 원가 공개 및 분양가
규제를 통해 주택 시장에 과도하게 개입하는 것은 문제 해결의 근본적인 대
안이 될 수 없다. 오히려 시장 왜곡과 공급 위축, 나아가 주택산업을 후퇴시
키는 결과를 초래한다. 최근의 주택 시장은 10·29 부동산 시장 안정 종합 대

책으로 수요가 위축돼 벌써부터 미분양이 쌓이고 있다. 이런 현상은 일시적으로는 주택가격 상승을 억제하는 수단이 될 수 있지만 일정 기간 공급 부족으로 이어져 다시 주택 가격이 폭등할 가능성이 높다. 따라서 정부는 장기적인 안목에서 주택 가격 안정화 정책을 펴야 한다.

[민○○ 부회장] 공개대상의 범위를 축소해도 주택 시장 전반에 미칠 악영향은 매우 크다. 건설 원가 공개 때 원가를 낮추기 위해 주택 업체들이 저숙련공과 품질이 떨어지는 자재를 사용할 수밖에 없다. 따라서 주택 품질의 저하가 불가피하다. 더구나 기업의 핵심 전략과 직결되는 원가를 공개한다면 기업의 이윤 추구 의미가 반감된다. 이렇게 되면 주택 산업이 크게 위축되고 주택 공급 기반이 무너질 수 있다. 분양가 공개는 분양 당시 원가 계산이 불가능한 금융비용도 많기 때문에 실효성이 떨어지며, 자칫 잘못된 원가를 법적으로 인정해 주는 오류를 초래할 가능성도 높다. 이처럼 원가 내역을 검증하기가 어려운 주택건설 특성상 잘못된 원가를 법적으로 인정하는 결과를 초래할 경우 주택업체, 소비자, 정부 간 분쟁이 속출해 주택시장이 큰 혼란에 빠질 것이다.

[최○○ 차관] 주택 업체는 시장 가격을 받을 수 없게 돼 중장기적으로 주택 공급이 위축되고 주택 품질이 저하돼 궁극적으로는 주택 시장 불안 요소로 작용할 것이다. 10·29 대책 이후 그동안 급등했던 집값이 11월 이후 하향 안정세로 반전되는 등 주택 시장이 빠른 속도로 정상화되고 있다. 기존 주택의 매매가는 8주 연속해 하락했고 전세가는 올해 들어 마이너스 성장을 기록 중이다. 신규 주택 시장도 서울시 동시 분양(12월)에서 미분양이 발생하는 등 28개월만에 최저 청약률을 보였다. 청약률이 높은 서울 강남 지역에서도 미계약 현상이 발생하고 있다. 상황이 이렇게 되면서 미계약을 우려한 주택 업체는 분양가를 인하하고 있다. 주택 업계는 내년 경기 침체를 우려해 건설 계획을 전면 재검토하는 등 주택 건설마저 위축될 우려가 나오고 있다. 이렇듯 시장이 하향 안정되고 있는 상황에서는 분양가 공개와 같이 부작용이 많은 극약 처방은 사용하지 않으면서 주택 시장의 연착륙을 유도하는 것이 바람직하다.

[김○○ 회장] 분양가를 규제했던 시기에도 아파트 공급은 꾸준히 늘었다. 그러므로 분양 원가 공개가 주택 공급을 위축시킨다는 의견에는 동의할 수 없다. 오히려 아파트 건설 업체들은 분양가를 투명하게 공개하는 것이 국민에게 신

뢰를 더 받을 수 있다. 또한 주택 공급을 민간에만 맡길 것이 아니라 정부가 공공 임대 아파트 등 공공 주택의 공급을 늘린다면 별 문제가 없을 것이다.

[김○○ 박사] 신규 분양하는 모든 주택의 분양 원가를 공개하고 주택 분양가를 규제한다면 주택 공급은 상당 부분 위축될 가능성이 높다. 그러나 공공 택지 지구에서 공급하는 주택의 택지비를 공개하고 당해 주택의 분양가를 규제하면 주택 공급을 위축시키는 효과는 크지 않다. 과거 10년 평균치를 보면, 공공 택지 지구에서 공급한 주택의 물량이 전체 공급 물량의 50%를 밑돈다. 공공 택지는 시장 가격 이하로 공급하기 때문에 택지비 공개를 의무화하더라도 주택 사업자의 택지 수요나 주택 공급은 크게 줄지 않을 것이다.

2 다음 논제들 중에서 하나를 택하여 이인조 토론을 해보자. 사회자, 찬반 주창자, 평가 위원, 청중 등의 역할 분담을 분명히 하여 실시하고 평가해 보자.

(1) 북한의 핵무기 개발에 대한 일본, 미국 등의 간섭은 정당하다.

(2) 성폭행 범죄자의 신상과 얼굴을 공개해야 한다.

(3) 낙태를 허용해야 한다.

(4) 사형 제도를 폐지해야 한다.

제10장

표준 언어 예절

01 | 언어 예절의 개념과 필요성

예절은 우리가 사회생활을 하는 데에서 지켜야 할, 또는 지키면 바람직한 공손하고 품위 있는 행동 질서이다. 그리고 언어 예절은 말을 하거나 글을 쓸 때 지켜야 할 예절이다. 예절의 실천을 한 사회의 문명화 척도로 간주한다. 언어 예절을 지키는 것도 사람 생활의 기본 덕목이자 말하기의 기본 요건이다. 바르고 공손한 말을 쓰는 사람은 품위 있게 보이지만, 그렇지 않은 사람은 다른 사람의 호감을 얻기 어렵고 사람으로서 아름다움을 느끼기도 어렵다.

언어 예절의 기본은 상대방을 존중하고 상대방의 처지를 배려하면서 말하는 것이다. 상대방을 전혀 생각하지 않고 함부로 말함으로써 듣는 사람을 매우 난처하게 만드는 경우를 볼 수 있다. 공공장소에서는 조용히 말하는 것이 기본적인 예절인데도 그것조차도 제대로 지키지 않는 사람도 볼 수 있다. 이러한 태도는 모두 다른 사람을 배려하지 않는 마음에서 기인한다.

예절바른 언어생활을 하려고 마음먹어도 현실에서는 어려움을 느끼는 때가 많다. 상대방을 무어라 불러야 하는지, 어른께 인사는 어떻게 드려야 하는지 등 곤란한 경우가 한두 가지가 아니다. 하지만 무엇이 올바른 말인지 다른 사람들에게 물어 보아도 사람마다 답이 다르고 예절서마다 내용도 같지 않다. 그래서 이러한 혼란을 바로 잡고 우리말의 예절을 바로 세우고자 정한 것이 있는데, 이른바 '표준 언어 예절'이다. 표준 언어 예절은 1992년에 국민들이 일상생활에서 겪는 호칭어, 지칭어, 경어법, 인사법 등에 대한 혼란과 어려움을 덜어 주고자 국어 어문 규범의 하나로 만들었다. 당시에는 표준 언어 예절을 '표준 화법'이라고 불렀고, 1996년에 『우리말의 예절 상·하』(국립국어원·조선일보사 공편)로 편찬하였다. 1992년의 표준 화법 제정 후 20년이 지난 2012년 3월에는 내용을 수정하고 보완한 『표준 언어 예절』을 국립국어원에서 발간하였다. 이장에서는 이 표준 언어 예절의 주요 내용을 국립국어원 누리집(http://www.korean.go.kr)을 참고로 간추려 소개하기로 한다.

새로운 표준 언어 예절은 2011년 11월부터 열린 표준 화법 보완을 위한 자문 위원회 및 공개 토론회를 통해 확정되었는데, 1992년의 표준 화법과 달라진 내용들을 정리하면 다음과 같다.

−조부모, 손주, 사촌에 대한 호칭, 지칭을 추가하였다.
−맨 뒤에 서식을 따로 설정하고 전자 우편, 결혼 청첩장, 결혼 축하에 대한 감사장, 조위에 대한 감사장을 여기에 새로 넣었다.
−부모 호칭으로 어릴 때에만 '엄마', '아빠'를 쓰도록 하였던 것을 장성한 후에도 격식을 갖추지 않는 상황에서는 쓸 수 있도록 하였다.
−남자가 여동생의 남편을 호칭하거나 지칭할 때 '매제'를 쓸 수 있도록 하였다.
−여자가 여동생의 남편을 호칭하거나 지칭할 때 '제부'를 쓸 수 있도록 하였다.
−남편의 형을 지칭하는 말로 '시숙(媤叔)'을 추가하였다.
−남편 누나의 남편을 호칭하거나 지칭할 때 '아주버님', '서방님'을 쓸 수 있다고 하였던 것을 '아주버님'만 쓰도록 하였다.
−아내 오빠의 아내를 지칭하는 말, 아내 남동생의 아내를 호칭, 지칭하는 말로

‘처남의 댁’만 있었던 것을 ‘처남댁’도 가능하다고 보아 추가하였다.

- 직장에서 윗사람에게는 ‘-시-’를 넣어 말하고 동료나 아래 직원에게는 ‘-시-’를 넣지 않고 말하도록 했던 것을 직급에 관계없이 ‘-시-’를 넣어 존대하는 것을 원칙으로 하였다.

- ‘축하드리다’가 불필요한 공대라 하여 ‘축하하다’로만 쓰도록 하였던 것을, ‘축하합니다’와 함께 높임을 더욱 분명히 드러낸 ‘축하드립니다’도 쓸 수 있는 표현으로 인정하였다.

02 │ 표준 언어 예절의 주요 내용

(1) 호칭어와 지칭어

직접 상대방을 부르는 호칭어라 하고 그 사람을 다른 이에게 가리켜 부르는 말을 지칭어라고 한다. 누구든지 일상생활에서 상대방을 어떻게 불러야 할지, 혹은 이야기를 하면서 대화에 등장하는 사람을 무엇이라고 불러야 할지 고민해 본 적이 있을 것이다. 또 별 생각 없이 쓴 자신의 호칭어와 지칭어에 대하여 잘못되었다고 다른 사람에게 지적을 받은 일도 있을 것이다. 사회생활을 원만하게 유지하려면 타인에게 적절한 호칭어와 지칭어를 사용할 수 있어야 한다. 표준 언어 예절의 주요 내용의 한 가지는 바로 이 호칭어와 지칭어에 대한 것이다.

누군가를 부르는 말은 그 사람에 대한 예의를 반영하므로 아주 조심스럽게 사용해야 한다. 어떤 경우에는 그 부르는 말이 제대로 알려져 있지 않거나 잘못 알려진 것도 있다. 일례로 시누이의 남편은 여러모로 어려운 사이여서 그 호칭어도 잘 모르는 사람들이 많다. 반면, 지칭어의 경우는 “삼촌 어디 갔니?(아이의 부르는 말을 사용함.)”처럼 대체로 듣는 사람의 처지에서 말하거나 관계말을 써서 가리키는 경우가 많아 호칭어보다는 어려움이 덜한 듯이 보인다. 하지만 지칭어에 대한 예절의 중요성도 호칭어에서만큼 크다.

부모와 자녀 사이에 부르는 말

아버지를 부르는 말은 '아버지', '아빠'이다. 격식을 갖추어야 할 상황, 공식적인 자리에서 아버지를 부르거나 가리킬 때는 '아버지'를 쓰는 것이 표준이다. 격식을 갖출 필요가 없는 상황에서도 아버지는 '아버지'라고 부르거나 가리키는 것이 바람직하며 아버지에게 편지를 쓸 때는 '아버님'이 전통적인 말인데 '아버지'나 '아빠'를 써도 된다. 또한 자녀가 있는 경우 '○○[자녀] 할아버지'로 가리킬 수도 있다. 말하는 이가 여성이면 '아버지', '친정아버지', '○○[자녀] 외할아버지'로 지칭하기도 한다. 돌아가신 '아버지'를 다른 사람에게 말할 때에는 '아버님'으로 지칭하는데 '아버지'를 쓸 수도 있다.

나의 어머니를 부르는 말은 '어머니', '엄마'이다. 격식을 갖추어야 할 상황, 공식적인 자리에서 어머니를 부르거나 가리킬 때는 '어머니'를 쓰는 것이 표준이다. 격식을 갖출 필요가 없는 상황에서도 어머니는 '어머니'라고 부르거나 가리키는 것이 바람직하며 '엄마'라고 할 수도 있다. 어머니에게 편지를 쓸 때는 '어머니', '엄마'라고 쓸 수도 있지만 '-님'을 넣어 '어머님께 올립니다.'와 같이 '어머님'을 쓰는 것이 전통적인 표현이다. 어머니를 지칭할 때는 호칭과 동일하게 '어머니', '엄마'라고 한다. 돌아가신 어머니를 아버지와 조부모에게 지칭할 때는 살아계실 때와 같이 '어머니'로 지칭하고, 그 외는 '어머님' 또는 '어머니', '엄마'를 쓴다.

어머니나 아버지를 조부모에게 지칭할 때에 '어미', '아비'라고 지칭할 수 있는지 문제가 된다. 할아버지, 할머니는 손주에게 '어미', '아비'라고 할 수 있지만 손주는 자신의 어머니, 아버지를 가리켜 '어머니', '아버지'라고 하는 것이 현실에 맞다.

부모에 대한 호칭으로 '엄마', '아빠'는 장성한 후에도 격식을 갖추지 않는 상황에서는 쓸 수 있다. 한자어로 된 말 중에서 '가친(家親)'은 살아계신 아버지, '선친(先

親)’은 돌아가신 아버지를 가리키는 말이다. 살아계신 어머니는 ‘자친(慈親)’, 돌아가
신 어머니는 ‘선비(先妣)’라고 부른다. 그러나 이러한 한자어 호칭어는 현대에서 많이
사라져서 잘 모르는 사람이 많다. 그래서 때로는 살아계신 아버지를 ‘선친’이라고 하
기도 하고, 남의 아버지를 ‘선친’이라고도 하는 등 잘못 쓰기도 한다. 남의 어머니를
높여 부르는 말에는 ‘자당(慈堂)’도 있다.

아들이 혼인하기 전에는 ‘철수야’처럼 이름을 부른다. 그러나 혼인한 후에는 ‘아
범’, ‘○○[손주] 아범’, ‘아비’, ‘○○[손주] 아비’ 또는 ‘○○[이름]’으로 부른다. 아이
를 낳으면 ‘아범’, ‘아비’라고 부르거나 손주의 이름을 넣어 ‘○○[손주] 아범’, ‘○○
[손주] 아비’라고 부르는 것이 바람직하다. 손주가 곁에 있는 상황에서는 아들을 손
주 앞에서 존중하기 위해 이름을 부르지 않는 것이 좋다. 손주가 곁에 없는 상황에서
는 아들 이름, 서열(‘첫째, 둘째, 막내’ 등)로 부른다. 아들이 결혼하지 않은 경우에는
서열로 부르거나 직함으로도 부를 수 있다. 지칭도 마찬가지이다. 혼인하지 않은 아
들을 가족과 친척에게 지칭할 때는 호칭인 ‘○○[이름]’을 그대로 쓰고, 지칭하는 아
들보다 아랫사람에게는 그들이 부르는 말인 ‘형’, ‘오빠’, ‘삼촌’ 등으로 가리킨다.

딸도 혼인하기 전에는 이름을 부르고 혼인한 뒤에는 외손주에 기대어 ‘어멈’, ‘○
○[외손주] 어멈’, ‘어미’, ‘○○[외손주] 어미’로 부르는 것이 바람직하다. 외손주가
곁에 없는 상황에서는 ‘○○[이름]’이나 서열 또는 직함으로 부른다.

자녀를 부를 때 ‘군수’니 ‘박사’, ‘교수’ 등 아들의 직함이나 학위로 부르기도 하나
남에게 말할 때는 조심하여야 한다. 전통적으로 당상관(정3품 이상)의 아들은 직함을
부르기도 하였지만 공적인 자리에서만 그렇게 하였다고 한다. 자칫 남에게 자랑하는
느낌이 들 수 있으므로 될 수 있으면 삼가는 게 좋다.

▨ 시부모를 부르는 말

시아버지를 부르는 말은 ‘아버님’이다. 요즘 시아버지를 친밀하게 여겨 ‘아버지’라
고 부르는 경향이 있으나, 지금도 시아버지는 예를 갖추어 대해야 할 어려운 대상이
므로 ‘아버님’으로 불러야 한다. 그러나 시어머니는 부엌 등 같은 공간에서 일하고

대화하는 시간도 더 많아 시아버지보다 친근한 대상이므로 '어머님'뿐만 아니라 '어머니'라고 해도 된다.

시조부모에게 시부모를 가리켜 말할 때는 '아버님, 어머님'이라고 하되, '아버지, 어머니'라고 다소 낮추어 말해도 된다. 그러나 과거의 예법처럼 '아비, 어미'라고까지 하지는 않는다.

❖ 며느리를 부르는 말

시부모가 며느리를 부르는 말은 '아가, 새아가, ○○ 어미(어멈), 애'이다. 그런데 '애'는 친근하게 들릴 수도 있지만, 불쾌감을 줄 수도 있으므로 조심해야 한다. 한편, 며느리를 부모와 배우자에게 가리켜 말할 때는 '며늘애, 새아가, ○○ 어미(어멈)'라고 하거나, 아들 이름을 넣어 '○○댁, ○○ 처'라고 할 수 있다. '며느리'라는 말은 남의 며느리인 듯한 느낌도 있고 어른 앞에서는 낮추어야 하므로 쓰지 않는다. 그래서 다소 낮추어 부르는 말로 '며늘애'라고 하는 것이 있다. 사돈에게도 '며늘애, ○○ 어미'처럼 가리킨다. 그러나 타인에게는 그렇게까지 낮출 필요가 없으며, '며느리'가 높이는 말도 아니므로 '우리 며느리가……'처럼 말한다.

❖ 처부모를 부르는 말

사위는 장인에 대해 '장인어른, 아버님'이라고 부른다. 장모는 '장모님, 어머님'이라고 부른다. 과거에는 처부모를 '아버님, 어머님'이라고 부르는 것을 잘못이라고들 생각했다. 그러나 근래에 처부모도 자신의 부모처럼 친근하게 느끼고 '아버님, 어머님'이라고 부르는 풍조가 널리 퍼져 이를 인정하게 된 것이다. 그러나 '아버지, 어머니'라고까지 부르는 것은 옳지 못하다.

한편 지역에 따라 '빙장 어른, 빙모님'이라고 부르는 사람도 있으나 이는 남의 처부모를 높여 부르는 말이다. 또 배우자에게 '당신 아버지, 당신 어머니' 등으로 말하는 것은 마치 남을 가리켜 말하는 듯한 느낌을 주므로 특별한 경우가 아니면 삼가는 것이 좋다.

🔡 사위를 부르는 말

사위를 부를 때에는 'ㅇ서방, 여보게'라는 부름말을 쓴다. 때로 사위의 이름을 부르는 경우가 있는데 이는 옳지 못하다.

🔡 남편을 부르는 말

언제든지 남편에 대해 부르기 좋은 말은 '여보'이다. '여보'가 부부 간의 호칭어로 정착된 것은 의외로 얼마 되지 않지만, 지금은 가장 보편적인 호칭어가 되었다. 신혼 초에는 '여보'라고 부르기 어색할 수 있으므로 'ㅇㅇ 씨, 여봐요'라고 쓸 수 있다. '여봐요'는 '여보'로 넘어가기 전 단계의 호칭이라 할 수 있다. 남편에 대한 호칭어는 참 다양한데 대부분 바람직하지 않다. 흔히 쓰는 말로 '자기, 오빠, 아저씨' 등은 호칭어로든 지칭어로든 안 쓰도록 해야 한다. 특히 '아빠'는 자신의 친정아버지를 부르는 것인지 남편을 부르는 것인지 혼란스러울 뿐만 아니라 일본식 어법으로 알려진 말이다.

신혼 초라고 할지라도 시부모 앞에서 남편을 가리킬 때 'ㅇㅇ 씨'라고 이름을 불러서는 안 된다. 어떤 지방에서는 '걔'라고 낮추어 불러야 한다고까지 하나 이것도 공감하기 어렵다. 아이가 있으면 '아비, 아범'이라고 하면 되고, 아이가 없을 경우 '이이, 그이, 저이'로 부르면 된다.

🔡 아내를 부르는 말

남편이 아내를 부르는 말도 '여보, ㅇㅇ 씨, 여봐요'이다. 'ㅇㅇ야, 야, 이봐' 등 아내를 낮추어 부르는 경우도 있는데 이는 좋지 않다. 또 '자기'나 '와이프'와 같은 말을 쓰기도 하는데 바람직한 부름말이라고 하기는 어렵다.

부모에게 아내를 가리켜 말할 때는 'ㅇㅇ 어미(어멈)'이라고 하고, 아이가 없으면 '이 사람, 그 사람, 저 사람'으로 쓰는 것이 좋다. 부모 앞에서는 아내를 낮추어야 하므로 'ㅇㅇ 엄마'라고 하지는 않으며 '집사람, 안사람, 처'라고 하지도 않는다. 그렇다고 '걔, ○○(이름)'라고까지 낮추는 것은 좋지 않다. 그러나 처부모에게는 아내를 낮출 필요가 없어 '○○ 어미(어멈), 그 사람'뿐만 아니라 '○○ 엄마, 집사람, 안사람'이라고 할 수 있다. 동기 항렬들에게는 '○○ 엄마, 집사람, 안사람'으로 가리키고, 특히 손위인 경우 '처'라는 말도 쓸 수 있다. 잘 모르는 타인에게는 '집사람, 안사람, 아내, 처'라고 한다.

▨ 동기와 그 배우자를 부르는 말

● 여자의 경우

오빠는 '오빠, 오라버니(님)', 그 아내는 '(새)언니'라 부른다. 오빠의 아내가 자신보다 나이가 적어도 마찬가지다. 남동생의 아내는 '올케'라고 부른다. 언니의 남편은 '형부', 여동생의 남편은 '○서방', '○서방님'이라고 부른다.

● 남자의 경우

누나를 부르는 말은 '누나, 누님'이다. 그 남편은 '매부, 매형, 자형'이라 부른다. '매부'는 여동생의 남편도 가리키는 말이다. 일부 지방에서는 '妹'가 손아래누이를 가리키는 말이므로 누나의 남편에 대해 '매부, 매형'이라 할 수 없고 '자형(姉兄)'으로 써야 한다고 한다. 그러나 전통적으로 써온 말은 '매부, 매형'이고 오히려 '자형'은 쓰지 않았다. 다만 최근에 '자형'이 많은 세력을 얻었으므로 현실을 인정한 것이다.

▨ 남편의 동기와 그 배우자를 부르는 말

● 남편의 형과 아내

남편의 형에 대한 호칭은 미혼, 기혼을 구별하지 않고 '아주버님'이다. 남편의형을 가리킬 때는 '시아주버니', 자녀에게 기댄 표현인 '○○[자녀] 큰아버지'를 쓴다. '시숙(媤叔)'은 '남편의 형제를 이르는 말'로 사전에 등재되어 있지만 현실에서 주로 남편의 형을 가리켜 '시숙'이라 하므로 이를 반영하여, 남편의 형을 친정 쪽 사람들과 그 밖의 사람에게 가리킬 때 쓸 수 있다. 또 시동생이 화자보다 나이가 많은 경우에도 그 시동생을 가리켜 '시숙'이라고 할 수 있다.

남편 형의 아내에 대한 호칭, 지칭 이전에 며느리 사이의 관계말로 '동서'가 옳은 말인가에 대해 논란이 있다. '동서(同壻)'의 '서(壻)'가 '사위서'일 뿐만 아니라 '남편서'로도 쓰이고, 국어사전에 '동서'는 '자매(妹)의 남편끼리 또는 형제의 아내끼리 서로 일컫는 말'로 이미 올라 있다. 지금도 가장 많이 쓰이는 말이므로 며느리 사이의 관계말로 '동서'가 옳다. '동시(同媤)'는 쓰지 않는다.

남편 형의 아내에 대한 호칭은 '형님'이다. 전통적으로 동서는 남편의 나이 순서에 따라 서열이 정해져, 윗동서의 나이가 적더라도 '형님'으로 호칭하고 존댓말을 썼다. 이러한 전통을 따르는 것이 바람직하다.

● 남편의 아우와 아내

남편의 아우는 미혼인 경우 '도련님'으로 부르고, 기혼인 경우 '서방님'으로 부른다. 아우가 여럿일 때는 '○째 도련님, ○째 서방님'처럼 부를 수 있다. 그 아내는 '동서'라고 부른다. 적지 않은 사람들이 아이에게 기대어 '삼촌'이라고 호칭하는데, 이것은 쓰지 말아야 한다. 전통적으로 쓰는 직접 호칭어가 있는데도 '삼촌, 고모, 큰엄마……' 등의 간접 호칭어를 써서는 안 된다.

남편의 아우는 자녀에게는 자녀에 기대어 '작은아버지', '작은아버님', '삼촌'으로 지칭한다. 그 밖의 사람에게는 '시동생', '도련님[미혼], '서방님[기혼], '○○[자녀] 작은아버지, '○○[자녀] 삼촌' 등을 쓴다.

남편 아우의 아내 동서라고 호칭한다. '아랫동서'가 나이가 많은 경우에도 자신을 '형님'으로 부르고 존대해 준다. 이때 자신도 아랫동서에게 '동서'라고 부르고 존댓말을 해야지 하대해서는 안 된다.

● 남편의 누나와 남편

남편의 누나는 '형님'으로 부른다. 그 남편, 곧 시누이의 남편은 '아주버님, 서방님'으로 부른다. 원래 시누이의 남편은 내외하는 관계여서 그 부르는 말도 없었다. 그런데 현대에 이르러서는 서로 만날 일도 많아 호칭이 필요하게 되었다. '아주버님'은 여러 지방에서 시누이의 남편을 부르는 말로 쓰일 뿐만 아니라, 남편의 형을 가리키는 말과 같으므로 손위 시누이의 남편을 부르는 말로 적당하여 표준으로 삼은 것이다. '서방님'은 보통 손아랫사람(결혼한 시동생, 남편 여동생의 남편)을 부르는 말이므로 남편 누나의 남편 호칭으로는 적절하지 않다.

● 남편의 누이생과 그 남편

남편의 여동생에 대한 호칭은 '아기씨'이다. 남편의 여동생이 혼인을 하여도 호칭에는 변함이 없다. 일반적으로 '아가씨'가 처녀나 젊은 여자를 부르는 말이기 때문에 가족 호칭으로 부적절하다는 지적이 있다. 그러나 전통적으로 '아가씨'가 남편의 여동생을 부르고 가리키는 말로 쓰였고, 지금도 가장 널리 쓰이는 말이다.

남편 여동생의 남편에 대한 호칭은 '서방님'이다. '아주버님', '아주버니'는 남편 누나의 남편을 이르는 말이라 적당하지 않고 '서방님'은 남편 여동생의 남편을 호칭할 때 두루 쓰이는 말이기 때문이다. 남편 여동생의 남편을 자녀에게는 '고모부', '고모부님', 자녀 외의 사람들에게는 '시누이 남편', '서방님', '○○[지역] 서방님', '○서방', '○○[자녀] 고모부', '○○[자녀] 고모부님'으로 지칭한다.

▦ 아내의 동기와 그 배우자를 부르는 말

● 아내 동기 간

아내의 오빠를 부르는 말은 '형님, 처남'이다. 자기보다 나이가 많으면 '형님'이라 부르고, 나이가 적으면 '처남'이라 부른다. 아내의 남동생을 가리키는 말은 '처남'이다. 나이가 아주 어리면 이름을 부를 수 있다. 그러나 손아래 처남의 나이가 자기보다 많다고 해서 '형님'이라고 하지는 않는다.

아내의 오빠의 아내(손위 처남의 댁)를 호칭하는 말은 '아주머니'이다. 아내 오빠의 아내를 아내의 손위 동기와 그 배우자에게는 '처남의 댁', '처남댁'으로 지칭하고, 아내의 남동생에게는 '형수'로, 아내의 여동생에게는 '새언니', '언니', '올케', '올케언니'로 지칭할 수도 있다. 자녀들에게는 '외숙모', '외숙모님'이라고 지칭한다.

아내 남동생의 아내에 대한 호칭은 '처남의 댁' 또는 '처남댁'이다. 전통적으로써 온 '처남의 댁'뿐만 아니라 여러 지역에서 쓰고 있는 '처남댁'도 쓸 수 있다. 아내 남동생의 아내 당사자를 가리킬 때와 아내에게 아내 남동생의 아내를 가리킬 때는 '처남의 댁', '처남댁'으로 지칭한다.

처남의 댁은 시누이의 남편과 마찬가지로 전통적으로 호칭어가 없었다. 그러나 역시 시속이 변하면서 호칭어가 필요하게 되었다. '~댁' 하는 것은 '충주댁, 안성댁' 하듯이 다소 낮추는 느낌이 있어 '처남의 댁'이라는 호칭어가 손위 처남의 부인에게는 적당치 않다. 그래서 일부 지방에서 쓰는 '아주머니'를 표준으로 정한 것이다. 다만 '아주머니'는 숙모를 가리키는 말이기도 하므로 당사자 외 남에게 가리킬 때는 적당치 않다. 따라서 지칭할 때는 '처남의 댁', '처남댁'으로 한다.

● 아내 동기의 배우자

여동생은 '○○(이름), 동생'으로 부른다. 그 남편은 '○서방(님)'으로 부른다. 나이가 더 많을 경우 '서방'이라 할 수 없으므로 '서방님'이라고 높여 부르는 것이다. '○서방'이라고 지칭해서 상대방이 알 수 없는 경우에는 '동생의 남편'으로 가리키면 된다. 여자가 여동생의 남편을 호칭하거나 지칭할 때에는 '제부(弟夫)'라는 말도 쓸 수 있다. 그리고 남자가 여동생의 남편을 호칭하거나 지칭할 때에는 '매제'를 쓸 수 있다.

아내의 언니는 '처형'이라 부른다. 아내의 여동생은 '처제'라 부른다. 아내 언니의 남편, 곧 손위 동서는 '형님'이라 부른다. 다만 자기보다 나이가 적을 경우에는 '형님'이라 하지 않고 '동서'라고 한다. 남자들의 서열에서 아무리 손위라 할지라도 자기보다 나이가 어리면 '형님'이라고 부르지 않는 것이다. 아내 여동생의 남편, 곧 손아래 동서는 '동서, ○서방'이라고 부른다. 자기보다 나이가 많다면 '동서'라고 한다. 나이가 많더라도 서열상 손아래이므로 '형님'이라고 하지도 않고, 또 손아래이긴 해도 나이가 많으므로 '○서방'처럼 낮추어 말해서도 안 된다.

조부모와 손주 사이에 부르는 말

아버지의 아버지를 부르는 말은 '할아버지'이고, 아버지의 어머니를 부르는 말은 '할머니'이다. 또 어머니의 아버지를 부르는 말은 '외할아버지'이고, 어머니의 어머니를 부르는 말은 '외할머니'이다. 그렇지만 어머니의 부모를 아버지의 부모와 구별할 필요가 있을 때를 제외하고는, 어머니의 부모를 호칭할 때에 '외-'를 붙이지 않고 '할아버지', '할머니'라고 부르는 경우가 보통이므로 '할아버지', '할머니'라고 부를 수 있다.

조부모를 그 당사자에게 가리키는 말은 호칭과 같은 '할아버지', '할머니'이고, 외조부모를 그 당사자에게 가리키는 말도 호칭과 같은 '할아버지', '외할아버지', '할머니', '외할머니'이다. 조부모나 외조부모를 그 배우자에게 지칭하는 말도 마찬가지이다. 그러나 나의 부모, 형제, 자매, 친척, 배우자와 배우자 쪽 사람에게 지칭할 때는 조부모와 외조부모가 구별되도록 조부모를 가리켜 '할아버지', '할머니', 외조부모를 가리켜 '외할아버지', '외할머니'라고 한다.

남자가 결혼을 하면 자신의 조부모뿐만 아니라 아내의 조부모까지 부르고 가리키게 된다. 사위가 장인을 '아버지'라고 불러서는 안 되듯이 손녀사위가 아내의 할아버지인 처조부(妻祖父)를 '할아버지'라고 부르는 것은 곤란하다. 따라서 사위가 장인을 '아버님'이라고 부르는 것처럼 손녀사위는 처조부를 '할아버님'이라고 부르는 것이 바람직하다.

손주, 외손주를 부르는 말

내 아들, 딸의 자녀인 손주는 '철수야!'처럼 이름으로 부른다. 그런데 손주가 혼인을 하고 자녀가 생기면 이름뿐만 아니라 '○○[손주자녀] 아범', '○○[손주자녀] 아비', '○○[손주자녀] 어멈', '○○[손주자녀] 어미'로도 부를 수 있다. 손주의 자녀가 곁에 있는 상황에서는 손주를 그 자녀 앞에서 존중하기 위해 이름을 부르지 않는 것이 좋다.

■ 사촌을 부르는 말

사촌은 크게 아버지 동기의 자녀와 어머니 동기의 자녀로 나눌 수 있는데 그 사촌이 나보다 손위인지 손아래인지 또 남자인지 여자인지에 따라 부르는 말과 가리키는 말이 달라진다. 아버지나 어머니 동기의 자녀가 나보다 손위일 때 그 당사자를 부르는 말은 '형', 'ㅇㅇ[이름], 형', '형님', 'ㅇㅇ[이름] 형님', '오빠', 'ㅇㅇ[이름] 오빠', '누나', 'ㅇㅇ[이름] 누나', '누님', 'ㅇㅇ[이름] 누님', '언니', 'ㅇㅇ[이름] 언니'이다. 사촌이 나와 동갑이거나 연하일 때에는 그 당사자를 이름으로 부른다. 나이가 든 경우에는 '동생', '아우(남자가 남동생을 가리킬 때)', '누이(남자가 여동생을 가리킬 때)'라고 부를 수도 있다.

■ 숙질간에 부르는 말

아버지의 형은 '큰아버지'라고 부른다. 지방에 따라서 맏형만 '큰아버지'라고 하는 경우도 있으나 일반적으로 아버지의 형은 모두 '큰아버지'라고 한다. 한자어로 '백부(伯父)'[아버지의 맏형만]라고도 하나 지칭어로는 가능하나 호칭어로는 적당치 않다. 아버지 형의 아내는 '큰어머니'라고 한다.

아버지의 남동생은 결혼하기 전에는 '삼촌, 아저씨'라고 부르고, 결혼한 뒤에는 '작은아버지'라고 부른다. '삼촌'은 촌수이므로 호칭어나 지칭어로 적당치 않다고도 주장하나 이는 '삼촌숙(三寸叔)'의 준말이므로 문제될 것이 없다.

나이가 뒤바뀐 숙질간에도 호칭어와 지칭어는 마찬가지이다. 경어법상으로는 어렸을 때에는 서로 말을 놓고 지내지만, 성년이 되어서는 조카가 아저씨보다 다섯 살 이상이면 서로 존대하고, 다섯 살 미만이면 항렬을 따라서 조카가 아저씨에게 존대를 해야 한다. 장조카인 경우에는 예우를 하는 것이 일반적이다.

아버지의 누이는 '고모, 아주머니'라고 부르고 그 배우자는 '고모부, 아저씨'라고 부른다. 어머니의 자매는 '이모, 아주머니'라고 하고 그 배우자는 '이모부, 아저씨'라고 한다.

어머니의 남자 형제는 '외삼촌, 아저씨'라고 부르고 그 배우자는 '외숙모, 아주머

니'라고 한다. 자신의 외삼촌을 자녀들에게 지칭할 때(아버지의 외가는 진외가(陳外
家)이므로) '진외종조부(님)'이라고 하거나, 자녀의 편에 서서 '진외할아버지'라고 한
다. 곧 '진외할아버지'는 아버지의 외할아버지나 아버지의 외삼촌 모두 가리키는 말
이 된다.

조카나 조카딸은 어릴 때는 이름을 부르고 장성하면 '조카' 또는 '○○ 아비(아범),
○○ 어미(어멈)'로 쓴다. 다만 시댁의 조카는 나이가 더 많을 경우 '조카님'이라고
해야 한다.

조카의 아내는 며느리 부르듯 '아가, 새아가, ○○ 어미, ○○ 어멈'으로 부르고 조
카사위도 사위 부르듯 '○서방, ○○ 아범, ○○ 아비'로 부른다.

▦ 사돈 사이에 부르는 말

● 같은 항렬

밭사돈이 밭사돈을 부르는 경우 '사돈어른' 또는 '사돈'이라고 하고, 안사돈을 부
르는 경우 '사부인'이라고 한다. 안사돈이 안사돈을 부르는 경우 '안사돈'이라고 하
고, 밭사돈을 부르는 경우는 '사돈어른'이라고 한다. 형수나 올케 등의 동기나 그 배
우자를 부를 경우, 남자는 '사돈, 사돈도령, 사돈총각'으로, 여자는 '사돈, 사돈처녀,
사돈아가씨' 등으로 부른다.

● 위 항렬

며느리·사위의 조부모를 부르는 말은 '사장(査丈) 어른'이다. 할머니를 구별하여
'안 사장어른'이라고 할 수도 있다. 조부모보다 한 항렬 높으면 '노사장어른'이라고
한다.

● 아래 항렬

며느리·사위의 동기와 그 배우자, 조카 등 아래 항렬의 사람을 부를 경우, 남자는
'사돈, 사돈도령, 사돈총각'으로, 여자는 '사돈, 사돈처녀, 사돈아가씨' 등으로 부른다.

▦ 직장 사람들끼리 부르는 말

● 직함이 없는 동료를 부를 때

직함이 없는 동료끼리는 남녀 불문하고 '○○○ 씨' 하고 부르면 좋다. 물론 상황에 따라 이름만으로 '○○ 씨'라고 해도 좋다. 그러나 아무리 친해도 직장 내에서 '○○야'처럼 이름을 부르는 것은 좋지 않다. 상대방이 나이가 많은 경우에는 이름을 부르기 미안하므로 '○ 선배(님)'와 같이 말할 수 있다. 직장이 만일 학교나 연구원 등이라면 '선생님' 또는 '○ 선생(님)'이라는 호칭어가 직장의 분위기에 어울려 무난하다.

이 밖에 남자 직원이 남자 직원을 부를 경우 '○ 형'이라고 할 수 있다. 그러나 그냥 '형' 하거나 '(○)○○ 형' 하는 것은 앞서 '○○야'처럼 지나치게 사적인 느낌을 주므로 쓰지 않는 것이 좋다. 때로 여직원이 남자 직원을 '○ 형'이라고 하기도 하는데 역시 정형화된 호칭어는 아니다. 여직원이 여직원을 부를 경우는 '언니'나 '○○ 언니'라고 할 수 있다. 남자들의 경우는 '형' 또는 '○○ 형' 하는 것이 사적인 느낌을 주지만 여자들의 경우는 자연스럽게 이러한 호칭어가 굳어졌고 따라서 직장이라 할지라도 자연스럽게 느껴진다. 오히려 '○ 언니' 하는 것은 잘못된 호칭어이며 '미스 ○ 언니'처럼 부르는 것도 좋지 않다. 한편 '미스터 ○'이나 '미스 ○'은 어느 경우에나 쓰지 말아야 할 말이다. 호칭어에서 이러한 외래어 표현은 듣는 사람에 따라서 불쾌하게 여길 수 있다.

● 직함이 있는 동료를 부를 때

과장이 과장을 부르거나, 또는 부장이 부장을 부르는 경우이다. '○ 과장', '○ 부장'처럼 부르거나 직함이 없는 동료들의 경우와 마찬가지로 부를 수 있다.

● 직함이 없는 선배나 나이 많은 동료를 부를 때

직함이 없는 선배나 나이 많은 동료를 부를 경우 '○○○ 씨'라고 하기 어려우므로 꼭 '님'자를 붙여 '선배님, 선생님, ○ 선생님, ○○○ 선배님'처럼 부른다. 나이 지긋한 여사원은 '○ 여사, ○○○ 여사'로 부를 수 있다.

● 직함이 없는 아랫사람을 부를 때

상사가 직함이 없는 아랫사람을 부를 경우 '○○○ 씨'를 쓰고 나이가 많은 경우에는 '○ 선생(님), ○○○ 선생(님)'으로 부른다. 나이가 아주 어린 직원은 '○ 군', '○ 양'이라고 부를 수 있다. 그러나 어떤 경우에라도 직장에서 '○○야' 또는 '○씨'라고 불러서는 안 된다. 나이가 어려도 직장인으로서 대우해 줄 필요가 있고, 또 오늘날 이름 없이 '○씨' 하는 것도 과거와 달리 높이는 뜻이 별로 없기 때문이다.

● 직함이 있는 상사를 부를 때

직함이 있는 상사를 부를 때는 직함에 '님'을 붙여 '과장님'처럼 부르는 것이 좋다. 그리고 과장, 부장 등 직함을 가진 사람 여럿이 한 자리에 있어서 구분을 해야 할 때에는 '총무부장님' 또는 '○○○ 부장님'처럼 소속이나 이름에 직함을 붙여 쓴다.

▨ 친구의 배우자를 부르는 말

친구의 아내는 '아주머니, (○)○○ 씨, ○○ 어머니, 부인, ○ 여사, ○ 과장(님)[직함이 있는 경우]' 등을 상황에 맞게 적절히 쓸 수 있다. 흔히 '제수씨, 계수씨' 등을 쓰기도 하는데 이는 옳지 못하다. 해당 친구에게 지칭할 때에는 '(자네) (합)부인', '○○ 어머니'로 한다. 사람에 따라서 '자네 와이프는……'처럼 말하기도 하는데 이는 바람직한 말이 아니다.

친구의 남편은 친밀도에 따라 '(○)○○ 씨'처럼 이름을 부르거나 아이 이름을 넣어 '○○ 아버지'라고 하면 된다. 또 직장의 직함에 따라 '(○) 과장님'이라고 하거나 '(○) 선생님' 등을 상황에 맞게 적절히 골라 쓸 수 있다.

배우자의 친구를 부르는 말

　남편의 친구도 친구의 남편에 준하여 부르면 된다. 아내의 친구 역시 친밀도에 따라 '(○)○○ 씨'라고 하거나 아이의 이름을 넣어 '○○ 어머니'라고 하면 된다. '아주머니'도 좋은 호칭어이며 상황에 따라 '○ 선생(님)'이나 '○ 여사'라고 할 수도 있다. 또 직함이 있다면 '○ 과장(님)' 등으로 불러 무난하다.

타인을 부르는 말

● 부모의 친구

　아버지의 친구를 부르는 말은 어린이의 말과 어른의 말이 다르다. 먼저 아버지 친구의 경우 어린이의 말은 '(지역 이름) 아저씨', '○○ 아버지'라고 하고, 어른의 말은 '(지역 이름)아저씨', '어르신', '선생님', '○ 과장님'이다. 그러나 어머니의 친구를 부르는 말은 어린이의 말과 어른의 말이 다르지 않게 '(지역 이름)아주머니', '○○ 어머니(엄마)'이다.

● 친구의 부모

　친구의 아버지에 대한 호칭은, 어린이 말은 '○○ 아버지', '(지역이름) 아저씨'이고, 어른의 말은 '(○○) 아버님', '어르신', '○○ 할아버지'이다. 친구의 이름을 넣지 않고 '아버님'이라고 쓰는 경우도 많은데, 친구의 이름이 생략되었다는 전제 하에서 허용한다. 친구의 자녀, 즉 손자의 이름을 넣어 '○○ 할아버지'처럼 부를 수도 있다. 또 친구에게 지칭할 경우 어른 말로 '어르신'이나 '춘부장' 같은 말을 쓸 수 있다.

　친구의 어머니에 대한 호칭은 어린이 말은 '○○ 어머니(엄마)', '(지역 이름)아주머니', 어른 말은 '(○○) 어머님', '아주머니', '○○ 할머니'이다. 또 친구에게 지칭할 경우 어른 말로 호칭에 '자당'을 쓸 수 있다.

● 선생님의 배우자

예전에는 여자 스승이 거의 없어서였던지 여자 선생님의 남편을 부르는 말이 없었다. 그러나 지금은 여자 스승도 많고, 여자 스승의 남편에 대한 호칭과 지칭이 필요하다. 표준 화법으로 정한 여자 스승의 남편에 대한 호칭은 '사부(師夫)님'이다. '사모(師母)님'과 짝을 이루도록 '사부(師父)님'으로 하자는 의견도 있으나, 스승의 높임말과 혼동할 우려가 있다.

직장 상사의 가족을 부르는 말

직장 상사의 아내는 '사모님'이라고 부른다. 이 말은 원래 스승의 부인을 부르는 말이었으나 오늘날 윗사람의 부인을 부르는 말로 널리 쓰여 이를 받아들인 것이다. 또 '아주머니(님)'도 직장 상사의 아내를 부르는 말로 적절한 말이다.

직장 상사의 남편은 '(○) 선생님'이나 '(○○○) 선생님'으로 부르면 된다. 직함이 있으면 '선생님' 대신 '과장님' 등의 직함을 넣어 부르면 된다. 해당 상사에게 지칭할 경우에는 '바깥어른'이라고도 할 수 있다. 주의할 것은 '바깥양반'은 동료나 아랫사람의 남편을 가리키거나 자신의 남편을 겸손하게 가리키는 말이므로 윗사람의 남편에 대해서는 쓰지 않도록 해야 한다.

직장 동료나 아랫사람의 가족을 부르는 말

직장 동료나 아랫사람의 아내는 '아주머니(님)'이나 '부인'으로 부르고 지칭한다. 해당 동료나 아랫사람에게는 '아주머니(님)'이나 (자네) (합)부인'이라고 지칭한다.

직장 동료나 아랫사람의 남편은 직장 상사의 남편을 부르는 경우와 마찬가지로 '(○) 선생님'이나 '(○○○) 선생님'으로 부르면 된다. 직함이 있으면 '선생님' 대신 '과장님' 등의 직함을 넣어 부른다. 해당 동료나 아랫사람에게는 '부군' 또는 '바깥양반'으로 지칭한다.

기타

식당 등 영업소의 종업원을 부를 경우 남자 종업원은 '아저씨, 젊은이, 총각'이라고 하고, 여자 종업원은 '아주머니, 아가씨'라고 할 수 있다. 어느 경우나 일반적으로 '여보세요'라고 할 수 있다. 주의할 것은 '아줌마'는 높이는 느낌이 들지 않으므로 아주 친근한 사이가 아니면 쓰지 않는 게 좋다. 또 연세가 드신 분들이 나이 어린 여종업원을 '언니'라고 하거나, '어이, 이봐' 등 함부로 부르는 것도 좋지 않은 행동이다.

식당, 은행, 관공서 등에서 손님을 부르는 말은 '손님'이다. 반대로 은행 창구, 관공서 민원실 등의 직원을 부르는 말은 'ㅇㅇㅇ 씨, (김) 과장(님), 선생(님)' 등이다. 이름이나 직함을 모를 경우 '여보세요'라고 할 수 있다.

자기를 가리킬 때 대표적인 예로 부모님의 친구에게 자신을 밝히는 경우가 있다. 이 때 '저희 아버지가 ○[姓] ○자 ○자 쓰십니다', '저희 아버지 함자가 ○[姓] ○자 ○자입니다', 'ㅇㅇㅇ 씨(부장(님))의 아들입니다'와 같이 말한다. 이 경우 흔히 성(姓)에도 '자'자를 붙여 '○자 ○자 ○자'와 같이 말하기도 하는데 이는 잘못이다.

(2) 경어법

우리말은 다른 어떤 언어보다도 경어법이 복잡하고 어렵다. 문법적으로는 말의 주체가 되는 사람을 높이는 존경법, 말하는 사람과 듣는 사람의 관계에 따라 결정되는 공손법으로 나뉘어 있고, 또 어휘적으로 존댓말과 예사말이 나뉘어 있는 경우도 있어 적절한 말을 골라 쓰는 데 세심한 주의가 필요하다. 여기서는 가정에서의 경어법과 직장, 사회에서의 경어법을 다루기로 한다.

가정에서의 경어법

올바른 경어법을 위해서 어휘를 잘 선택해서 쓸 줄 알아야 한다. 용언이 여러 개 함께 나타날 경우 대체로 문장의 마지막 용언에 '-시-'를 쓴다. 용언마다 '-시-'를 넣는 것이 더 높이는 말이라고 생각하는 사람들이 있으나 그것은 옳지 않다. 지나친 존대는 도리어 예의가 아니고 모든 용언에 '-시-'를 넣는 것이 항상 자연스럽지도 않기 때문이다. 예를 들어 "할머니가 오셨다가 가셨다."는 자연스러운 반면 "할머니가 책을 읽으시고 계시다."는 어색하며 '읽고 계시다'라고 해야 한다.

그리고 같은 의미의 말에도 존대 어휘와 보통 어휘가 있다. 보통 어른의 호칭에는 존대 어휘를 쓰고, 예사스럽게 말할 때에는 보통 어휘를 쓴다. 존대 어휘를 쓰면 자연스럽게 높임 말씨가 따라 붙는다. 예컨대, "아버지 진지 잡수세요"에서 '진지', '잡수다'는 존대 어휘이고, '-세요'는 높임 말씨로 자연스럽게 어울리지만, '진지 먹어라.'라고 존대 어휘인 '진지'에 낮춤 말씨인 '먹다'는 어울릴 수 없다. 존대 어휘와 보통 어휘의 몇 가지를 예시하면 다음과 같은 것이 있다. 앞의 것은 보통 어휘이고, 뒤의 것은 존대 어휘이다.

밥→진지	먹다→잡수시다	숟가락→간자
주다→드리다	말→ 말씀	말하다→여쭙다
죽다→돌아가시다	자다→주무시다	골내다→화내시다
성질→성품	저 사람→저분	보다→뵙다
데리다→모시다	있다→계시다	이/가→께서
집→댁		

존칭의 조사 '께서', '께'는 대화에서는 잘 쓰이지 않는다. 용언의 '-시-'로도 충분히 높였다고 생각하기 때문이다. 구어에서는 '께서', '께' 등과 같은 조사보다는 "아버지가 어머니한테 재미있는 이야기를 하셨습니다."처럼 '이/가', '한테' 등을 쓰는 것이 더 자연스럽다. 그러나 깍듯이 존대해야 할 사람이나 공식적인 자리에서는 '께서'나 '께' 등으로 높여야 한다.

존경의 어휘를 쓰지 않아야 할 자리에 존경의 어휘를 쓰는 것 또한 잘못이다. "아버님은 9층에 볼일이 계시다."는 옳지 않고 "볼일이 있으시다."가 옳다. '말씀'도 마찬가지다.

또 "딸아이가 학교에서 돌아오기만 하면 꼭 한 가지씩 저에게 여쭈어 봐요."처럼 자신에게 물어본 것을 아랫사람이 물었다고 해서 '여쭙다'를 쓰는 것도 잘못 쓰는 예 가운데 하나이다.

"제가 했어요.", "그러셨어요?" 등과 같은 '해요'체의 말도 잘 가려 써야 한다. 이 '해요'체는 가정에서는 분위기나 화제에 따라 적절히 쓸 수 있는 친밀한 표현으로는 쓸 수 있다. 그러나 깍듯이 존대를 해야 할 사람에게나 공식적인 자리에서는 쓰지 말아야 한다. 예를 들어 학생이 선생님에게 말할 때 "제가 했어요."보다는 "제가 했습니다."처럼 말하는 것이 예의에 맞다.

아버지를 할아버지께 말할 때에는 "할아버지, 아버지가 진지 잡수시라고 하였습니다."처럼 아버지에 대해서는 높이지 않는 것이 전통이고 표준 화법이다. 이것은 압존법(壓尊法)이라고 하여 직장에서의 언어 예절과 다른 점이 있다. 그러나 오늘날 이러한 전통도 변하여 조부모에게도 아버지를 높이는 것이 일반화되어 가고 있다. 그리하여 현실을 인정하여 "할아버지, 아버지가 진지 잡수시라고 하셨습니다."와 같이 '-시-'를 넣어 아버지보다 윗사람에게 아버지를 높여 말하는 것도 표준으로 허용하였다.

부모를 다른 사람에게 말할 때 낮추어 말하는 사람이 있으나 이는 전통적인 어법에 어긋난다. 가족 이외의 다른 사람에게 부모를 말할 때는 언제나 높여, 학교 선생님에게 아버지를 말할 때에도 "저희(우리) 아버지께서 이렇게 말씀하셨습니다."와 같이 하는 것이 바른 말이다.

남편을 시부모에게 말할 때는 "아범(아비)이 아직 안 들어왔습니다." 또는 "그이가 아버님께 말씀드린다고 했습니다."와 같이 낮추어 말한다. 남편의 형이나 손위 사람에게 말할 때도 마찬가지이다. 그러나 시동생이나 손아래 친척에게는 "형님은 아직 안 들어오셨어요."처럼 높이는 것이 원칙이고, "형님은 아직 안 들어왔어요."처럼 낮추어 말할 수도 있다.

남편을 가족 이외의 사람에게 말할 때는 상대방의 신분이 확인되기 전에는 서술어에 '-시-'를 넣어 표현하고, 남편의 친구나 상사라는 것이 확인되면 '-시-'를 넣지 않는 것이 무난하다. 또한 방송에 출연했을 때처럼 불특정 다수에게 자기의 남편을 말할 때, 나이 든 사람은 '-시-'를 넣어 말해도 되지만 젊은 사람이 '-시-'를 넣어 말하는 것은 피해야 한다.

아들을 손자, 손녀에게 말할 때에는 "○○야, 아비(아범) 좀 오라고 해라."보다는

"○○야, 아버지 좀 오라고 해라."처럼 '아비(아범)'보다는 '아버지'로 가리키고 서술어에 '-시-'를 넣지 않고 말하는 것이 표준이다. 그러나 손자, 손녀에게 아버지는 대우해서 표현해야 할 윗사람이라는 것을 가르친다는 교육적인 차원에서 서술어에 '-시-'를 넣어 "○○야, 아버지 좀 오시라고 해라."라고 할 수도 있다.

직장에서의 경어법

직장에서는, 문장의 주체가 화자보다는 높지만 청자보다는 낮아, 그 주체를 높이지 못하는 어법인 압존법을 적용하지 않는다. 그러므로 문장의 주체인 '김 과장'을 부장 앞에서 말할 때, "김 과장님이 잠시 자리를 비우셨습니다.", "김 과장이 그 일을 하십니다."와 같이 말하는 것이 맞다. 윗사람 앞에서 그 사람보다 낮은 윗사람을 낮추는 것이 가족 간이나 사제 간처럼 사적인 관계에서는 적용될 수도 있지만 직장에서 쓰는 것은 어색하다. 따라서 직장에서 윗사람을 그보다 윗사람에게 지칭하는 경우, '총무과장님께서'는 곤란하여도, '총무과장님이'라고 하고, 주체를 높이는 '-시-'를 넣어 '총무과장님이 이 일을 하셨습니다.'처럼 높여 말하는 것이 언어 예절에 맞다.

대부분 사람들은 직장에서 지칭어와 경어법을 쓰는 것에 많은 어려움을 느낀다. 지칭어는 대체로 호칭어를 그대로 쓰는데 지칭 대상이 누구이며, 어떤 상대에게 지칭하는가에 따라 그 지칭어가 달라지기도 한다. 지칭 대상이 동료이거나 아래 직원인 경우에는 '○○○ 씨가 이 일을 처리했습니다.'처럼 주체를 높이는 '-시-'를 넣지 않는 경우가 흔한데, 직급이 높은 사람은 물론이고 직급이 낮은 사람에게도 직장 사람들에 관해 말할 때에는 '-시-'를 넣어 '김 대리 거래처에 가셨습니까?'처럼 존대하는 것이 바람직하다.

최근 '주문하신 커피 나오셨습니다.', '문의하신 상품은 품절이십니다.'처럼 서비스업이나 판매업 종사자들이 손님을 존대하려는 의도로 불필요한 '-시-'를 넣은 표현을 쓰고 있는데 잘못이다. 존대할 대상의 신체 일부분, 성품, 심리, 소유물과 같이 주어와 밀접한 관계를 맺고 있는 대상을 통해 주어를 간접적으로 높이는 것을 간접 존대라고 한다. '눈이 크시다', '걱정이 많으시다.', '선생님, 넥타이가 멋있으시네요.'처럼 하는 것은 허용한다. 다만, '말씀하신 사이즈가 없으십니다.', '포장이세요?'처럼 주어와 밀접한 관계를 맺고 있다고 보기 어려운 것들에 대한 '-시-'의 사용은 바람직하지 않다.

(3) 인사말

⬚ 아침, 저녁 인사말

아침에 집에서 윗사람에게 하는 인사로는 "안녕히 주무셨습니까?", "진지 잡수셨습니까?"가 가장 알맞은 말이다. '안녕히' 대신 '잘, 편히, 평안히'를 쓰기도 하는데 '안녕히'보다 높이는 말이 아니므로 웃어른에게는 쓰지 않는 것이 좋다. 아랫사람에게는 "잘 잤니?", "잘 잤어요?"라고 인사한다.

아침에 동네에서 이웃 어른을 뵈었을 때도 "안녕하십니까?", "안녕히 주무셨습니까?", "진지 잡수셨습니까?"라고 인사한다. 동년배나 손아랫사람이라도 성인일 경우에는 "안녕하십니까?", "안녕하세요?", "안녕히 주무셨습니까?", "안녕히 주무셨어요?" 하고 인사한다. 손아래 미성년자에게는 "안녕?", "잘 잤니?"와 같이 인사하면 된다.

"안녕히 주무셨습니까?"가 평화롭지 못했던 때에 밤새 별 일이 없었는지 묻던 말이고, "진지 잡수셨습니까?"가 끼니를 거르는 일이 다반사였던 시대의 인사말이므로 요즘에는 적절하지 못하다고 지적하는 사람도 있다. 그러나 인사말은 말의 뜻을 그대로 나타내는 것이 아니라 언어에 의한 인사일 뿐이므로 글자대로 해석할 것이 아니다.

직장에 출근해서는 윗사람에게 "안녕하십니까?", "안녕하셨습니까?"를 적절히 골라 쓴다. "안녕하세요?"는 아주 가까운 윗사람이 아닌 경우에는 쓰지 않는 것이 좋다. 물론 동료에게는 "안녕하세요?"라고 해도 좋다. 아랫사람에게는 "안녕하세요?", "나왔군." 등을 쓸 수 있다.

요즘 흔히 "좋은 아침!" 하고 인사하는 경우가 있는데 외국어를 직역한 말로 오히려 상대방에게 거부감을 줄 수 있으므로 쓰지 말아야 한다. 라디오나 텔레비전에서도 "좋은 아침입니다."는 인사말은 쓰지 않는 것이 좋다. 방송도 집안에서처럼 "안녕히 주무셨습니까?", "안녕히 주무십시오"와 같이 인사하는 것이 가장 좋다.

집안에서도 저녁에 잠자리에 들기 전에 어른들께는 꼭 "안녕히 주무십시오"라고 인사하고 형제들끼리는 "잘 자."라고 인사하는 것을 습관화하는 것이 좋다.

▓ 만나고 헤어질 때의 인사말

집안에서 출입할 때는 어른들께 꼭 인사를 여쭙는 것이 좋다. 아침에 집을 나서면서 "(학교에) 다녀오겠습니다.", "다녀오리다.", "다녀오마." 따위로 인사하는 것이 좋다. 나갔다가 들어올 때도 "(학교에) 다녀왔습니다.", "다녀왔소" 따위로 인사한다. 인사를 받는 사람도 적절히 인사하도록 한다.

오랜만에 만나게 된 어른에게는 "그동안 안녕하셨습니까?" 하고 인사를 하는 것이 가장 정중한 인사이다. "그동안 평안하셨습니까?"는 윗사람에게 쓰기에는 적절하지 못한 인사말이다. 거리에서 이웃 사람을 만났을 때는 "안녕하십니까?" 하고 인사하면 된다.

직장에서 먼저 퇴근할 경우 윗사람에게는 "먼저 (나)가겠습니다.", "내일 뵙겠습니다."로 한다. "먼저 실례합니다."나 "수고하십시오."는 윗사람에게 쓰지 않는 것이 좋다.

특히 어린이들이 동사무소나 은행 같은 곳에서도 볼일을 마치고 돌아올 때 "수고하십시오", "수고하세요"와 같은 인사말을 쓰지 않는 것이 예의이다. 이 말은 '고생하라'는 말이기 때문에 보통 아랫사람이 윗사람에게는 쓰기 어려운 말이다. 볼일을 마치고 돌아올 때는 "고맙습니다. 안녕히 계십시오"라고 인사하는 것이 올바르다.

버스, 전철, 승강기 같은 탈것에서 아는 사람과 마주친 때에도 역시 "안녕하십니까?" 하고 인사한다. 그 사람보다 먼저 내리게 되는 경우에는 "먼저 내리겠습니다."라고 인사하고 남아 있는 사람은 "안녕히 가십시오" 하고 인사하는 것이 좋다.

무엇보다 중요한 것은 집안에서나 동네에서나 만난 사람과 사랑이 담긴 따뜻한 마음으로 인사를 나누는 것이다.

(4) 전화 예절

▪▪ 전화를 받을 때의 말

　전화기의 벨이 울리면 전화를 받는 쪽이 먼저 말을 해야 하는지 거는 쪽이 먼저 말을 해야 하는지 하는 문제는 나라마다 다르다. 우리나라에서는 주로 전화를 받는 사람이 먼저 말을 시작한다.

　집에서 전화를 받을 경우 "여보세요."라고 말하는 것이 표준이며, "여보세요." 다음에 잠깐 틈을 두고 "안국동입니다.", "성산 시영아파트입니다." 등과 같이 지역이나 아파트 이름을 넣어 말하는 것도 좋다. "네."라고만 하는 경우도 많으나, 간결하기는 하지만 거만한 느낌을 줄 수 있으므로 쓰지 말도록 해야 한다. 또 "안국동입니다." 하고 바로 지역 이름을 밝히는 것도 좋지 않다. 그러나 "네, 안국동입니다."는 보편적으로 쓰는 말이고, "네."라고만 하거나 "안국동입니다."만 하는 것보다 부드럽고 친절한 말이므로 쓸 수 있다. 직장에서 받을 때는 "네, ○○주식회사입니다." 하고 받으면 무난하다.

　전화를 바꾸어 줄 때에는 집에서나 직장에서 모두 "(네,) 잠시(잠깐, 조금) 기다려 주십시오. 바꾸어 드리겠습니다."라고 하는 것이 좋다. 만약 전화를 건 사람이 누구인지 밝히지 않았을 경우에는 "누구(시)라고 전해드릴까요(여쭐까요)?"라고 할 수 있다. 상대방이 아는 사람이면 인사를 하도록 해야 한다. 상대방이 찾는 사람이 없으면 "지금 안 계십니다. 뭐라고 전해 드릴까요?"라고 정중하고 친절하게 답하면 된다. 특히 직장에서는 그때그때의 상황에 따라 "지금 자리에 안 계십니다. 5분 후에 다시 걸어 주시기 바랍니다." 등과 같이 다양하게 말할 수 있는데 간결하고 친절한 말씨여야 한다.

　전화가 잘못 걸려오면 무의식적으로 불친절해지는 경우가 많다. 이 경우 집에서나 직장에서 모두 "아닌데요(아닙니다), 전화 잘못 걸렸습니다."고 말하는 것이 좋다. "(전화) 잘못 거셨습니다."라고 하는 말은 전화도 제대로 못 거느냐는 느낌이 들어 전화 건 사람의 자존심을 건드릴 수도 있기 때문에 삼가는 것이 좋다. 또 아무 말 없이 수화기를 내려놓거나 화를 내는 경우가 있는데 매우 좋지 않은 행동이다.

📑 전화를 걸 때의 말

집에 전화를 걸 때 상대방이 응답을 하면 "안녕하십니까? (저는, 여기는) ○○○입니다. ○○○ 씨 계십니까?"와 같이 인사를 하고 자신의 신분을 밝히는 것이 기본예절이다. 나이 어린 사람의 경우 어른이 전화를 받았을 때는 "안녕하십니까? 저는 ○○의 친구 ○○입니다. ○○○ 있습니까?"처럼 통화하고 싶은 사람과 어떠한 관계인가를 밝히는 것이 올바른 예의이다. 만약 상대방을 먼저 확인할 필요가 있을 때는 "안녕하십니까? ○○○ 댁입니까?"라고 할 수 있다.

직장에 걸 때도 집에 걸 때와 같이 "안녕하십니까? (저는, 여기는) ○○○인데요, ○○○ 씨 좀 바꿔 주시겠습니까?"와 같이 말하면 된다. 통화하고 싶은 사람이 없을 때는 "말씀 좀 전해주시겠습니까?", "죄송합니다만(미안합니다만) ○○○한테서 전화 왔었다고 전해주시겠습니까?"와 같이 말하면 된다. 전화가 잘못 걸렸을 때는 귀찮은 듯이 전화기를 탁 놓지 말고 "죄송합니다(미안합니다). 전화가 잘못 걸렸습니다."라고 예의를 갖춰 정중히 말하는 것이 바람직하다.

대화를 마치고 전화를 끊을 때는 "안녕히 계십시오", "고맙습니다. 안녕히 계십시오", "이만(그만) 끊겠습니다. 안녕히 계십시오" 하고 인사를 하고 끊는 것을 생활화하도록 한다. "들어가세요."라는 인사도 많이 하지만, 이 말은 명령형이고, 일부 지방 사람들만 주로 쓰며, 상스러운 느낌을 줄 수 있기 때문에 피하는 것이 좋다.

(5) 소개하는 말

자신을 남에게 소개하는 말로 "처음 뵙겠습니다.(또는 인사드리겠습니다.) (저는) 아무개입니다."라고 하는 것이 표준이다. 자신을 소개할 때 첫 인사로 "처음 뵙습니다."라고 하는 사람도 있는데, "뵙습니다."보다는 "뵙겠습니다."가 더 자연스럽고 또한 완곡한 표현이어서 이것을 표준으로 본다. 또 처음 만나는 사람에게 "안녕하십니까?”는 다른 사람이 자기를 상대방에게 소개한 후라면 몰라도 직접 자신을 소개할 때는 쓰지 않는 것이 좋다는 중론이었다. 한편 자신의 성과 이름을 상대방에게 말할 때 “○○○ 올시다.”, “○○○ 올습니다.”라고 하는 사람들도 있는데, 이러한 말들은 거만한 인상을 주거나 옛 말투이므로 겸손한 현대말 표현인 “○○○입니다.”를 표준으로 본다.

자신을 소개할 때 “처음 뵙겠습니다. ○○○입니다.”와 같은 기본적인 틀에 상대방이 덧붙이는 경우가 있다. 대체로 이러한 말들은 기본적인 소개말의 중간이나 뒤에 붙게 마련이다. 자신의 직장을 말할 때는 “○○에 근무하는”보다는 “○○의” 또는 “○○에 있는”이 좋다. 대화에서는 간결하고도 함축적인 표현이 효과적이기 때문이다.

아버지에 기대어 자신을 소개하는 경우. “저의 아버지는(아버지의 함자는) ○자 ○자이십니다.”라고 해야 한다는 견해나 이런 표현이 현실적으로 어색하고 의사소통 과정에서 “○○○이십니다.” 아니면, “저의 아버지가 ○○○ 씨입니다.”라고 해야 한다는 견해도 있다. 그러나 전통을 따라 “○자 ○자이십니다.”를 표준으로 본다.

자신의 성이나 본관을 남에게 소개할 때 ○(성)가, ○○(본관) ○가라고 하든지 ○씨, ○○씨라고 해야 한다. “○가” 또는 “○○ ○가”라고 해야 한다는 말이 이미 관용적으로 굳어졌고, 자기의 성은 자기만의 것이 아니므로 “○○ ○씨”라고 해야 한다는 의견이 있다. 그러나 일관성 있게 자기의 성에는 가로 함이 좋다는 의견이 많다. 자기 성이나 본관을 말할 때는 “○가”, “○○ ○가”로 남의 성을 말할 때는 “○씨”, “○○ ○씨”를 표준으로 본다.

여러 사람 앞에서 자기를 소개할 때에도 “처음 뵙겠습니다.” 하는 것이 좋다. 그러나 “처음 뵙겠습니다.” 하기가 어려운 경우도 있으므로 “안녕하십니까? ○○○입니다.”도 허용한다. 동년배이거나 손아랫사람에게 자기를 소개하는 경우 “처음 뵙겠습니다. ○○○입니다.” 하는 말을 상황에 맞추어 적절히 어미를 바꾸어 경어법에 알맞게 하면 된다.

중간에서 다른 사람을 소개할 때는 다음과 같은 순서로 한다.

> ① 친소 관계를 따져 자기와 가까운 사람을 먼저 소개한다.
> ② 손아래 사람을 손위 사람에게 먼저 소개한다.
> ③ 남성을 여성에게 먼저 소개한다.

그리고 여러 상황이 섞여 있을 때는 ①, ②, ③의 순서로 적용한다. 예를 들어 어머니와 가다가 젊은 남자 선생님을 만났다. 이 경우 "저의 어머니십니다."처럼 어머니를 선생님에게 먼저 소개하고 '어머니, 우리 선생님이십니다.' 하고 소개하여야 한다. 소개받은 사람은 "처음 뵙겠습니다. ○○○의 어미입니다." 하고, 선생님은 "처음 뵙겠습니다. ○○○입니다." 하고 인사하면 된다.

방송 매체에서 사회자가 20~30대 연예인을 소개하면서 "○○○ 씨를 모시겠습니다." 하는 경우가 있는데 이는 "○○○ 씨를 소개하겠습니다."로 고쳐야 한다. 더욱이 "○○○ 씨를 소개시켜드리겠습니다."와 같은 표현을 빈번히 사용하기도 하는데 전혀 어법에 맞지 않는 표현이므로 사용하지 말아야 한다.

(6) 특정한 때의 인사말

새해 인사

새해 인사로 가장 알맞은 것은 "새해 복 많이 받으십시오."이다. 상대에 따라 "새해 복 많이 받으세요", "새해 복 많이 받게.", "새해 복 많이 받아라." 등으로 쓸 수 있다. 이 말은 집안, 이웃, 학교 등 어디에서나 쓸 수 있는 인사말이다.

세배할 때는 절하는 것 자체가 인사이기 때문에 어른에게 "새해 복 많이 받으십시오"와 같은 말을 할 필요는 없다. 그냥 공손히 절만 하면 그것으로 인사를 다 한 것이며 어른의 덕담이 있기를 기다리면 된다.

한편 절하겠다는 뜻으로 어른에게 "절 받으세요", "앉으세요"라고 말하는 사람들도 있는데 이는 예의가 아니다. 가만히 서 있다가 어른이 자리에 앉으시면 말없이 그냥 공손히 절을 하는 것이 옳다. 다만 나이 차가 많지 않아 상대방이 절 받기를 사양하면 "절 받으세요.", "앉으세요."라고 말할 수 있다.

덕담은 어른이 아랫사람에게 내리는 것이다. "새해 복 많이 받게.", "소원 성취하게."가 가장 일반적이다. 이렇게 어른의 덕담이 있은 뒤에 "과세 안녕하십니까?"와 같이 말로 인사를 한다. 이 때 특별히 "만수무강하십시오.", "할머니 오래오래 사세요."와 같이 건강과 관련된 말은 쓰지 않는 것이 좋다. 의도와 달리 상대방에게 '내가 그렇게 늙었나?' 하는 서글픔을 느끼게 할 수 있기 때문이다. "올해에도 등산 많이 하세요."와 같이 기원을 담은 인사말이 좋다.

▒ 축하와 위로의 인사말

어른의 생일일 경우 "생신 축하합니다."라고 인사하고, 상대에 따라 "생일 축하하네.", "생일 축하해."와 같이 쓰면 된다. 환갑이나 고희 등의 잔치에서는 "더욱 건강하시기 바랍니다." 등과 같이 말하면 된다. "오래 사십시오."나 "만수무강하십시오." 등과 같은 인사말은 내가 벌써 그렇게 늙었나 하는 서글픔을 줄 수 있기 때문에 좋지 않다. 또 "건강하십시오"는 형용사를 명령형으로 만든 것이어서 문법적으로도 맞지 않을 뿐더러 명령형이어서 옳은 말이 아니다.

집안 결혼식에 가서 결혼하는 사람에게도 "축하합니다." 등으로 말하면 된다. 입학시험에 합격한 사람이라면 "합격을 축하합니다." 등과 같이 말하면 무난하다.

문병을 가게 될 경우에는 "좀 어떠십니까?", "얼마나 고생이 되십니까?" 등으로 인사하고, 불의의 사고일 때는 "불행 중 다행입니다."와 같이 말할 수 있다. 물론 상대에 따라 "좀 어떻니?", "얼마나 고생이 되니?"처럼 말할 수 있다. 문병 때는 어느 경우에나 털고 일어나리라는 희망을 가져야 하므로 끝까지 마음에서 우러나오는 희망적인 말을 하는 것이 중요하다. 그밖에 환자에게 이런저런 말을 하거나 물어보는 것은 모두 예의에 어긋난다. 아픈 사람이 궁금해 할 만한 일 가운데 밝은 것으로 화제를 삼아 조용히 이야기를 하는 것이 좋다.

문병을 마치고 나올 때는 "조리(조섭) 잘 하십시오", "속히 나으시기 바랍니다."

하고 인사를 하면 된다.

문상

　문상 가서 가장 예의에 맞는 인사말은 아무 말도 하지 않는 것이다. 그 어떤 말도 상을 당한 사람에게 위로가 될 수 없기 때문이며, 아무 말도 하지 않는 것이 오히려 더 깊은 조의를 표하는 것이 된다.

　다만 굳이 인사말을 해야 한다면 "삼가 조의를 표합니다.", "얼마나 슬프십니까?", "뭐라 드릴 말씀이 없습니다." 등과 같이 할 수 있다.

　전통적으로 아버지 상을 당한 사람에게는 "대고(大故) 말씀 무어라 여쭈오리까?", 어머니 상을 당한 사람에게는 "상사 말씀 무어라 여쭈오리까?", 남편 상을 당한 사람에게는 "천붕지통(天崩之痛)이 오죽하시겠습니까?", 아내 상을 당한 사람에게는 "고분지통(叩盆之痛)이……", 형제 상을 당한 사람에게 "할반지통(割半之痛)……" 하기도 하였고, 또 자녀 상을 당한 사람에게는 "참척(慘慽)을 당하시어 얼마나 마음이 아프시겠습니까?" 하기도 했으나 오늘날 굳이 복잡하게 이런 어려운 말로 따로따로 인사말을 할 필요는 없다.

　다만 부모상의 경우에만 전통적인 인사말인 "얼마나 망극(罔極)하십니까?"를 나이 등 상황에 맞게 적절히 쓸 수 있다.

봉투와 단자의 인사말

　회갑 잔치 등에서 축의금을 낼 경우 봉투의 앞면에 '祝 壽宴(축 수연)', '祝 壽筵(축 수연)'과 같이 쓰고 뒷면에 이름을 쓴다. 한글로 써도 무방하며 가로쓰기를 할 수도 있다. 종종 환갑 이상의 생일잔치에는 봉투 인사말을 어떻게 쓰는지 몰라 고민하기도 하는데 이 경우에도 '수연'이라고 하면 된다. '壽宴(또는 壽筵)'은 회갑뿐만 아니라 그 이상의 생일잔치에 두루 쓸 수 있는 말이다. 물론 생일에 따라 '祝 還甲(축 환갑), 祝 回甲(축 회갑), 祝 華甲(축 화갑, 이상 61세), 祝 古稀宴(축 고희연), 祝 稀宴(축 희연, 이상 70세), 祝 喜壽宴(축 희수연, 77세), 祝 米壽宴(축 미수연, 88세), 祝 白壽宴(축 백

수연, 99세)’ 등을 쓸 수도 있다. 한편 단자는 반드시 넣는 것이 예의이다. 단자에는 봉투의 인사말을 써도 되고 ‘수연을(결혼을) 진심으로 축하합니다.’와 같이 문장으로 인사말을 써도 된다. 그리고 ‘금 ○○○○○ 원’처럼 물목을 적은 다음 날짜와 이름을 쓴다.

결혼식에는 ‘祝 婚姻(축 혼인), 祝 結婚(축 결혼), 祝 華婚(축 화혼), 祝儀(축의), 賀儀(하의)’ 등을 인사말로 쓸 수 있다.

문상의 경우 봉투의 인사말은 ‘賻儀(부의), 謹弔(근조)’ 등을 쓴다. ‘삼가 조의를 표합니다.’라는 문장 형식의 인사말은 단자에는 써도 봉투에는 쓰지 않는다. 생일, 결혼, 문상 등 정형화된 단어의 인사말이 있는 경우 문장으로는 봉투의 인사말을 쓰지 않는 것이다. 한편 소상(小祥)이나 대상(大祥)의 경우 부조를 하게 되면 봉투에 ‘奠儀(전의)’ 또는 ‘香燭代(향촉대)’라고 쓴다.

한편 정년퇴임의 경우 봉투나 단자의 인사말로 ‘謹祝(근축), 頌功(송공), (그동안의) 공적을 기립니다.’처럼 쓸 수 있다. 병문안의 위로금을 건넬 경우에는 ‘祈 快癒(기 쾌유), (조속한) 쾌유를 바랍니다.’로 쓴다. 정년퇴임이나 병문안의 경우처럼 단어의 인사말이 그리 보편화되지 못한 경우 봉투에도 문장의 인사말을 쓸 수 있다. 출판 기념회 등 마땅한 인사말이 없을 경우 이와 같이 상황에 맞게 적절한 인사말을 쓰면 될 것이다.

이러한 일상적인 언어 예절과 함께 『표준 언어 예절』에서는 ‘서식’이라는 장에서 ‘편지와 전자 우편, 연하장, 결혼 청첩장, 결혼 축하 감사장, 부고, 조위, 조위에 대한 감사장’ 등을 쓰는 표준적인 방법도 제시하고 있다. 이러한 내용들을 포함하여 『표준 언어 예절』에 대하여 더 자세한 내용을 알고 싶으면 국립국어원 누리집을 참고하기를 바란다.

1 주변에서 표준 언어 예절과 빈번하게 다르게 사용되는 언어 예절이나 경어법, 인사말, 부름말 등의 사례를 찾아보자. 표준 언어 예절과 어떻게 다른지 설명해 보자.

2 아내에 대해서 실제로 쓰이고 있는 다양한 호칭어와 지칭어를 찾아보고 표준 언어 예절과 비교해 보자.

<u>**3**</u> TV 드라마 극중 인물들의 호칭어와 지칭어 사용 실태에 대해 조사 발표해 보자.

[부록] 올바른 국어 발음법

1. 올바른 국어 발음법의 개념

올바른 국어 발음법은 기본적으로 '표준 발음법'을 준수하는 것이다. 표준 발음법은 표준어를 발음하는 방법을 규정으로 만든 것이다. 곧 표준 발음법은 한국어 공동체 안에서 지역적, 사회적 차이를 초월하여 널리 공통되는 언어인 표준어에 대하여 그 발음을 규정한 것이다. 따라서 표준 발음법은 국민의 언어 사용을 통일하려는 목적을 가지며, 언중(言衆)인 국민의 현실 발음을 고려하여 가장 이상적인 발음을 규범화한 것이다.

발음은 동일 언어 공동체 내에서도 각 개인의 발음 습관에 따라 조금씩 다르고, 또 지역적, 사회적(계층적, 집단적)으로도 차이가 있는 것이다. 현대의 교양 있는 서울 사람들도, 예컨대 '외상, 고기, 밟고'를 [외상, 고기, 밥:꼬]로도, [웨상, 괴기, 발:꼬]로도 발음하며, '가만히'를 [가마니, 가만히, 가마:니, 가만:히]처럼 서로 다르게 발음한다. 서울말이 표준어이기는 하지만, 이런 임의적 발음은 자칫 '[왼:발](左足) / [웬:발](何足)', '[발:꼬](踏) / [발꼬](明)'같이 발음되어 의미적 혼동을 불러일으킨다. 이런 까닭에 각 말소리(모음이나 자음)를 어떻게 발음하며, 어떤 경우에 모음을 긴소리로 발음하고, 말소리의 변이 현상을 어디까지 인정해야 하는지 등에 관한 규정이 필요하다. 이 규정이 바로 한국어 어문 규범의 하나인 표준 발음법이다.

조선어 학회(한글 학회)의 표준어 사정(1936년)에서는 발음 규칙을 정하지 않았다. 이에 뒤의 사전 편찬자들이 각기 나름대로 발음 표시를 하였기 때문에, 음운의 발음이나 장음, 된소리화 현상 등에서 사전에 따라 많은 차이가 있었다. 이런 까닭에 학교 교육에서도 발음 지도가 제대로 이루어지지 못하고, 언중의 발음 현상도 크게 혼란스러워졌다. 1989년 3월 1일부터 개정 시행하고 있는 현행 '표준어 규정'에서는 제2부에 총7장 30항목의 표준 발음법을 두고 있다.

성공적인 말하기를 하고자 하는 사람이라면 사회적, 지역적으로 중립적인 언어인 표준어와 그 발음을 구사하는 것이 바람직하다. 말하기의 다양한 개인적 상황에서는 표준어뿐만 아니라, 방언, 은어는 물론 저속한 표현까지도 사용하는 수가 있다. 그러나 공적인 말하기에서는 기본적으로 표준어를 구사하고, 표준 발음을 할 줄 알아야 한다. 서구에서는 공인의 길에 들어서게 되면 해당 사회의 표준 발음법을 교육받는 것이 공인의 자격을 갖추는 데 최우선의 일이라고 한다. 우리나라의 경우, 공무원, 정치인, 때로는 대통령까지도 공적인 말하기에서 표준어와 표준 발음법을 준수하지 못하는 것을 볼 때면, 그 사람들이 과연 올바른 의식을 가지고 있는가 하는 의구심이 들기도 한다.

아래에는 올바른 한국어 발음법을 규정한 '표준어 규정 제2부 표준 발음법'을 그대로 제시한다.

2. 표준 발음법

제1장 총칙

제1항 표준 발음법은 표준어의 실제 발음을 따르되, 국어의 전통성과 합리성을 고려하여 정함을 원칙으로 한다.

제2장 자음과 모음

제2항 표준어의 자음은 다음 19개로 한다.

　ㄱ　ㄲ　ㄴ　ㄷ　ㄸ　ㄹ　ㅁ　ㅂ　ㅃ　ㅅ　ㅆ　ㅇ　ㅈ　ㅉ　ㅊ
　ㅋ　ㅌ　ㅍ　ㅎ

제3항 표준어의 모음은 다음 21개로 한다.

　ㅏ　ㅐ　ㅑ　ㅒ　ㅓ　ㅔ　ㅕ　ㅖ　ㅗ　ㅘ　ㅙ　ㅚ　ㅛ　ㅜ　ㅝ
　ㅞ　ㅟ　ㅠ　ㅡ　ㅢ　ㅣ

제4항 'ㅏ ㅐ ㅓ ㅔ ㅗ ㅚ ㅜ ㅟ ㅡ ㅣ'는 단모음(單母音)으로 발음한다.

[붙임] 'ㅚ, ㅟ'는 이중 모음으로 발음할 수 있다.

제5항 'ㅑ ㅒ ㅕ ㅖ ㅘ ㅙ ㅛ ㅝ ㅞ ㅠ ㅢ'는 이중 모음으로 발음한다.

다만 1. 용언의 활용형에 나타나는 '져, 쪄, 쳐'는 [저, 쩌, 처]로 발음한다.

　가지어 → 가져[가저]　　　찌어 → 쪄[쩌]　　　다치어 → 다쳐[다처]

다만 2. '예, 례' 이외의 'ㅖ'는 [ㅔ]로도 발음한다.

계집[계 : 집/게 : 집]	계시다[계 : 시다/게 : 시다]
시계[시계/시게](時計)	연계[연계/연게](連繫)
몌별[몌별/메별](袂別)	개폐[개폐/개페](開閉)
혜택[혜 : 택/헤 : 택](惠澤)	지혜[지혜/지헤](智慧)

다만 3. 자음을 첫소리로 가지고 있는 음절의 'ㅢ'는 [ㅣ]로 발음한다.

늴리리	닁큼	무늬	띄어쓰기
씌어	틔어	희어	희떱다
희망	유희		

다만 4. 단어의 첫음절 이외의 '의'는 [ㅣ]로, 조사 '의'는 [ㅔ]로 발음함도 허용한다.

    주의[주의/주이]   협의[혀븨/혀비]

    우리의[우리의/우리에]   강의의[강 : 의의/강 : 이에]

제3장 음의 길이

제6항 모음의 장단을 구별하여 발음하되, 단어의 첫음절에서만 긴소리가 나타나는 것을 원칙으로 한다.

   (1) 눈보라[눈 : 보라]   말씨[말 : 씨]   밤나무[밤 : 나무]

      많다[만 : 타]   멀리[멀 : 리]   벌리다[벌 : 리다]

   (2) 첫눈[천눈]   참말[참말]   쌍동밤[쌍동밤]

      수많이[수 : 마니]   눈멀다[눈멀다]   떠벌리다[떠벌리다]

다만, 합성어의 경우에는 둘째 음절 이하에서도 분명한 긴소리를 인정한다.

    반신반의[반 : 신 바 : 늬/반 : 신 바 : 니]   재삼재사[재 : 삼 재 : 사]

[붙임] 용언의 단음절 어간에 어미 '-아/-어'가 결합되어 한 음절로 축약되는 경우에도 긴소리로 발음한다.

    보아 → 봐[봐 :]   기어 → 겨[겨 :]   되어 → 돼[돼 :]

    두어 → 둬[둬 :]   하여 → 해[해 :]

다만, '오아 → 와, 지어 → 져, 찌어 → 쪄, 치어 → 쳐' 등은 긴소리로 발음하지 않는다.

제7항 긴소리를 가진 음절이라도, 다음과 같은 경우에는 짧게 발음한다.

1. 단음절인 용언 어간에 모음으로 시작된 어미가 결합되는 경우

    감다[감 : 따] — 감으니[가므니]   밟다[밥 : 따] — 밟으면[발브면]

    신다[신 : 따] — 신어[시너]   알다[알 : 다] — 알아[아라]

다만, 다음과 같은 경우에는 예외적이다.

    끌다[끌 : 다] — 끌어[끄 : 러]   떫다[떨 : 따] — 떫은[떨 : 븐]

    벌다[벌 : 다] — 벌어[버 : 러]   썰다[썰 : 다] — 썰어[써 : 러]

    없다[업 : 따] — 없으니[업 : 쓰니]

2. 용언 어간에 피동, 사동의 접미사가 결합되는 경우
　　　감다[감 : 따] ― 감기다[감기다]　　　꼬다[꼬 : 다] ― 꼬이다[꼬이다]
　　　밟다[밥 : 따] ― 밟히다[발피다]

다만, 다음과 같은 경우에는 예외적이다.
　　　끌리다[끌 : 리다]　　　　벌리다[벌 : 리다]　　　　없애다[업 : 쌔다]

[붙임] 다음과 같은 복합어에서는 본디의 길이에 관계없이 짧게 발음한다.
　　　밀-물　　　　　　썰-물　　　　　　쏜-살-같이　　　　작은-아버지

제4장 받침의 발음

제8항　받침소리로는 'ㄱ, ㄴ, ㄷ, ㄹ, ㅁ, ㅂ, ㅇ'의 7개 자음만 발음한다.

제9항　받침 'ㄲ, ㅋ', 'ㅅ, ㅆ, ㅈ, ㅊ, ㅌ', 'ㅍ'은 어말 또는 자음 앞에서 각각 대표음 [ㄱ, ㄷ, ㅂ]으로 발음한다.
　　　닦다[닥따]　　　　키읔[키윽]　　　　키읔과[키윽꽈]　　　욋[옫]
　　　웃다[욷 : 따]　　　있다[읻따]　　　　젖[젇]　　　　　빗다[빋따]
　　　꽃[꼳]　　　　　쫓다[쫃따]　　　　솥[솓]　　　　　뱉다[밷 : 따])
　　　앞[압]　　　　　덮다[덥따]

제10항　겹받침 'ㄳ', 'ㄵ', 'ㄼ, ㄽ, ㄾ', 'ㅄ'은 어말 또는 자음 앞에서 각각 [ㄱ, ㄴ, ㄹ, ㅂ]으로 발음한다.
　　　넋[넉]　　　　　넋과[넉꽈]　　　　앉다[안따]　　　　여덟[여덜]
　　　넓다[널따]　　　　외곬[외골]　　　　핥다[할따]　　　　값[갑]
　　　없다[업 : 따]

다만, '밟-'은 자음 앞에서 [밥]으로 발음하고, '넓-'은 다음과 같은 경우에 [넙]으로 발음한다.
　　(1) 밟다[밥 : 따]　　　　밟소[밥 : 쏘]　　　　밟지[밥 : 찌]
　　　　밟는[밥 : 는→밤 : 는]　　밟게[밥 : 께]　　　　밟고[밥 : 꼬]
　　(2) 넓-죽하다[넙쭈카다]　　　넓-둥글다[넙뚱글다]

제11항　겹받침 'ㄺ, ㄻ, ㄿ'은 어말 또는 자음 앞에서 각각 [ㄱ, ㅁ, ㅂ]으로 발음한다.

닭[닥]   흙과[흑꽈]   맑다[막따]   늙지[늑찌]
삶[삼 :]   젊다[점 : 따]   읊고[읍꼬]   읊다[읍따]

다만, 용언의 어간 말음 'ㄹㄱ'은 'ㄱ' 앞에서 [ㄹ]로 발음한다.

맑게[말께]   묽고[물꼬]   얽거나[얼꺼나]

제12항 받침 'ㅎ'의 발음은 다음과 같다.

1. 'ㅎ(ㄶ, ㅀ)' 뒤에 'ㄱ, ㄷ, ㅈ'이 결합되는 경우에는, 뒤 음절 첫소리와 합쳐서 [ㅋ, ㅌ, ㅊ]으로 발음한다.

놓고[노코]   좋던[조 : 턴]   쌓지[싸치]   많고[만 : 코]
않던[안턴]   닳지[달치]

[붙임 1] 받침 'ㄱ(ㄹㄱ), ㄷ, ㅂ(ㄹㅂ), ㅈ(ㄴㅈ)'이 뒤 음절 첫소리 'ㅎ'과 결합되는 경우에도, 역시 두 음을 합쳐서 [ㅋ, ㅌ, ㅍ, ㅊ]으로 발음한다.

각하[가카]   먹히다[머키다]   밝히다[발키다]   맏형[마텽]
좁히다[조피다]   넓히다[널피다]   꽂히다[꼬치다]   앉히다[안치다]

[붙임 2] 규정에 따라 'ㄷ'으로 발음되는 'ㅅ, ㅈ, ㅊ, ㅌ'의 경우에도 이에 준한다.

옷 한 벌[오탄벌]   낮 한때[나탄때]   꽃 한 송이[꼬탄송이]   숱하다[수타다]

2. 'ㅎ(ㄶ, ㅀ)' 뒤에 'ㅅ'이 결합되는 경우에는, 'ㅅ'을 [ㅆ]으로 발음한다.

닿소[다쏘]   많소[만 : 쏘]   싫소[실쏘]

3. 'ㅎ' 뒤에 'ㄴ'이 결합되는 경우에는, [ㄴ]으로 발음한다.

놓는[논는]   쌓네[싼네]

[붙임] 'ㄶ, ㅀ' 뒤에 'ㄴ'이 결합되는 경우에는, 'ㅎ'을 발음하지 않는다.

않네[안네]   않는[안는]   뚫네[뚤네→뚤레]   뚫는[뚤는→뚤른]
* '뚫네[뚤네→뚤레], 뚫는[뚤는→뚤른]'에 대해서는 제20항 참조

4. 'ㅎ(ㄶ, ㅀ)' 뒤에 모음으로 시작된 어미나 접미사가 결합되는 경우에는, 'ㅎ'을 발음하지 않는다.

낳은[나은]   놓아[노아]   쌓이다[싸이다]   많아[마 : 나]

않은[아는]   닳아[다라]   싫어도[시러도]

제13항 홑받침이나 쌍받침이 모음으로 시작된 조사나 어미, 접미사와 결합되는 경우에는, 제
음가대로 뒤 음절 첫소리로 옮겨 발음한다.

깎아[까까]   옷이[오시]   있어[이써]   낮이[나지]

꽂아[꼬자]   꽃을[꼬츨]   쫓아[쪼차]   밭에[바테]

앞으로[아프로]   덮이다[더피다]

제14항 겹받침이 모음으로 시작된 조사나 어미, 접미사와 결합되는 경우에는, 뒤엣것만을 뒤
음절 첫소리로 옮겨 발음한다.(이 경우, 'ㅅ'은 된소리로 발음함.)

넋이[넉씨]   앉아[안자]   닭을[달글]   젊어[절머]

곬이[골씨]   핥아[할타]   읊어[을퍼]   값을[갑쓸]

없어[업ː써]

제15항 받침 뒤에 모음 'ㅏ, ㅓ, ㅗ, ㅜ, ㅟ'들로 시작되는 실질 형태소가 연결되는 경우에는,
대표음으로 바꾸어서 뒤 음절 첫소리로 옮겨 발음한다.

밭 아래[바다래]   늪 앞[느밥]   젖어미[저더미]   맛없다[마덥따]

겉옷[거돋]   헛웃음[허두슴]   꽃 위[꼬뒤]

다만, '맛있다, 멋있다'는 [마싣따], [머싣따]로도 발음할 수 있다.

[붙임] 겹받침의 경우에는, 그 중 하나만을 옮겨 발음한다.

넋없다[너겁따]   닭 앞에[다가페]   값어치[가버치]   값있는[가빈는]

제16항 한글 자모의 이름은 그 받침소리를 연음하되, 'ㄷ, ㅈ, ㅊ, ㅋ, ㅌ, ㅍ, ㅎ'의 경우에는
특별히 다음과 같이 발음한다.

디귿이[디그시]   디귿을[디그슬]   디귿에[디그세]

지읒이[지으시]   지읒을[지으슬]   지읒에[지으세]

치읓이[치으시]   치읓을[치으슬]   치읓에[치으세]

키읔이[키으기]   키읔을[키으글]   키읔에[키으게]

티읕이[티으시]   티읕을[티으슬]   티읕에[티으세]

피읖이[피으비]   피읖을[피으블]   피읖에[피으베]

히읗이[히으시]   히읗을[히으슬]   히읗에[히으세]

제5장 음의 동화

제17항 받침 'ㄷ, ㅌ(ㄸ)'이 조사나 접미사의 모음 'ㅣ'와 결합되는 경우에는, [ㅈ, ㅊ]으로 바꾸어서 뒤 음절 첫소리로 옮겨 발음한다.

곧이듣다[고지듣따]　　굳이[구지]　　　　미닫이[미다지]

땀받이[땀바지]　　　밭이[바치]　　　　벼훑이[벼훌치]

[붙임] 'ㄷ' 뒤에 접미사 '히'가 결합되어 '티'를 이루는 것은 [치]로 발음한다.

굳히다[구치다]　　　닫히다[다치다]　　　묻히다[무치다]

제18항 받침 'ㄱ(ㄲ, ㅋ, ㄳ, ㄺ), ㄷ(ㅅ, ㅆ, ㅈ, ㅊ, ㅌ, ㅎ), ㅂ(ㅍ, ㄼ, ㄿ, ㅄ)'은 'ㄴ, ㅁ' 앞에서 [ㅇ, ㄴ, ㅁ]으로 발음한다.

먹는[멍는]　　　　국물[궁물]　　　　깎는[깡는]　　　　키읔만[키응만]

몫몫이[몽목씨]　　긁는[긍는]　　　　흙만[흥만]　　　　닫는[단는]

짓는[진ː는]　　　옷맵시[온맵씨]　　있는[인는]　　　　맞는[만는]

젖멍울[전멍울]　　쫓는[쫀는]　　　　꽃망울[꼰망울]　　붙는[분는]

놓는[논는]　　　　잡는[잠는]　　　　밥물[밤물]　　　　앞마당[암마당]

밟는[밤ː는]　　　읊는[음는]　　　　없는[엄ː는]　　　값매다[감매다]

[붙임] 두 단어를 이어서 한 마디로 발음하는 경우에도 이와 같다.

책 넣는다[챙넌는다]　　흙 말리다[흥말리다]　　　옷 맞추다[온마추다]

밥 먹는다[밤멍는다]　　값 매기다[감매기다]

제19항 받침 'ㅁ, ㅇ' 뒤에 연결되는 'ㄹ'은 [ㄴ]으로 발음한다.

담력[담ː녁]　　　침략[침냑]　　　강릉[강능]　　　　항로[항ː노]

대통령[대ː통녕]

[붙임] 받침 'ㄱ, ㅂ' 뒤에 연결되는 'ㄹ'도 [ㄴ]으로 발음한다.

막론[막논→망논]　　백리[백니→뱅니]　　협력[협녁→혐녁]　　십리[십니→심니]

제20항 'ㄴ'은 'ㄹ'의 앞이나 뒤에서 [ㄹ]로 발음한다.

(1) 난로[날ː로]　　신라[실라]　　　천리[철리]　　　　광한루[광ː할루]

대관령[대ː괄령]

(2) 칼날[칼랄]　　　물난리[물랄리]　　　줄넘기[줄럼끼]　　　할는지[할른지]

[붙임] 첫소리 'ㄴ'이 'ㅀ', 'ㄾ' 뒤에 연결되는 경우에도 이에 준한다.
　　　닳는[달른]　　　뚫는[뚤른]　　　핥네[할레]

다만, 다음과 같은 단어들은 'ㄹ'을 [ㄴ]으로 발음한다.
　　　의견란[의 : 견난]　임진란[임 : 진난]　생산량[생산냥]　결단력[결딴녁]
　　　공권력[공꿘녁]　　동원령[동 : 원녕]　상견례[상견녜]　횡단로[횡단노]
　　　이원론[이 : 원논]　입원료[이붠뇨]　　구근류[구근뉴]

제21항　위에서 지적한 이외의 자음 동화는 인정하지 않는다.
　　　감기[감 : 기](×[강 : 기])　　옷감[옫깜](×[옥깜])　　　있고[읻꼬](×[익꼬])
　　　꽃길[꼳낄](×[꼭낄])　　　젖먹이[전머기](×[점머기])　문법[문뻡](×[뭄뻡])
　　　꽃밭[꼳빧](×[꼽빧])

제22항　다음과 같은 용언의 어미는 [어]로 발음함을 원칙으로 하되, [여]로 발음함도 허용한다.
　　　되어[되어/되여]　　　피어[피어/피여]

[붙임] '이오, 아니오'도 이에 준하여 [이요, 아니요]로 발음함을 허용한다.

제6장 경음화

제23항　받침 'ㄱ(ㄲ, ㅋ, ㄳ, ㄺ), ㄷ(ㅅ, ㅆ, ㅈ, ㅊ, ㅌ), ㅂ(ㅍ, ㄼ, ㄿ, ㅄ)' 뒤에 연결되는 'ㄱ, ㄷ, ㅂ, ㅅ, ㅈ'은 된소리로 발음한다.
　　　국밥[국빱]　　　깎다[깍따]　　　넋받이[넉빠지]　　　삯돈[삭똔]
　　　닭장[닥짱]　　　칡범[칙뻠]　　　뻗대다[뻗때다]　　　옷고름[옫꼬름]
　　　있던[읻떤]　　　꽂고[꼳꼬]　　　꽃다발[꼳따발]　　　낯설다[낟썰다]
　　　밭갈이[받까리]　　솥전[솓쩐]　　　곱돌[곱똘]　　　　덮개[덥깨]
　　　옆집[엽찝]　　　넓죽하다[넙쭈카다]　읊조리다[읍쪼리다]　값지다[갑찌다]

제24항　어간 받침 'ㄴ(ㄵ), ㅁ(ㄻ)' 뒤에 결합되는 어미의 첫소리 'ㄱ, ㄷ, ㅅ, ㅈ'은 된소리로 발음한다.
　　　신고[신 : 꼬]　　　껴안다[껴안따]　　　앉고[안꼬]　　　　얹다[언따]

삼고[삼 : 꼬]　　　　더듬지[더듬찌]　　　　닮고[담 : 꼬]　　　　젊지[점 : 찌]

다만, 피동, 사동의 접미사 '-기-'는 된소리로 발음하지 않는다.
　　　　안기다　　　　　　감기다　　　　　　굶기다　　　　　　옮기다

제25항　어간 받침 'ㄼ, ㄾ' 뒤에 결합되는 어미의 첫소리 'ㄱ, ㄷ, ㅅ, ㅈ'은 된소리로 발음한다.
　　　　넓게[널께]　　　　　핥다[할따]　　　　　훑소[훌쏘]　　　　　떫지[떨 : 찌]

제26항　한자어에서, 'ㄹ' 받침 뒤에 연결되는 'ㄷ, ㅅ, ㅈ'은 된소리로 발음한다.
　　　　갈등[갈뜽]　　　　　발동[발똥]　　　　　절도[절또]　　　　　말살[말쌀]
　　　　불소[불쏘](弗素)　　일시[일씨]　　　　　갈증[갈쯩]　　　　　물질[물찔]
　　　　발전[발쩐]　　　　　몰상식[몰쌍식]　　　불세출[불쎄출]

다만, 같은 한자가 겹쳐진 단어의 경우에는 된소리로 발음하지 않는다.
　　　　허허실실[허허실실](虛虛實實)　　　　　　절절-하다[절절하다](切切-)

제27항　관형사형 '-(으)ㄹ' 뒤에 연결되는 'ㄱ, ㄷ, ㅂ, ㅅ, ㅈ'은 된소리로 발음한다.
　　　　할 것을[할꺼슬]　　갈 데가[갈떼가]　　할 바를[할빠를]　　할 수는[할쑤는]
　　　　할 적에[할쩌게]　　갈 곳[갈꼳]　　　　할 도리[할또리]　　만날 사람[만날싸람]

다만, 끊어서 말할 적에는 예사소리로 발음한다.
[붙임] '-(으)ㄹ'로 시작되는 어미의 경우에도 이에 준한다.
　　　　할걸[할껄]　　　　　할밖에[할빠께]　　　할세라[할쎄라]　　　할수록[할쑤록]
　　　　할지라도[할찌라도]　할지언정[할찌언정]　할진대[할찐대]

제28항　표기상으로는 사이시옷이 없더라도, 관형격 기능을 지니는 사이시옷이 있어야 할(휴지
　　　　가 성립되는) 합성어의 경우에는, 뒤 단어의 첫소리 'ㄱ, ㄷ, ㅂ, ㅅ, ㅈ'을 된소리로 발
　　　　음한다.
　　　　문-고리[문꼬리]　　눈-동자[눈똥자]　　신-바람[신빠람]　　산-새[산쌔]
　　　　손-재주[손째주]　　길-가[길까]　　　　물-동이[물똥이]　　발-바닥[발빠닥]
　　　　굴-속[굴 : 쏙]　　　술-잔[술짼]　　　　바람-결[바람껼]　　그믐-달[그믐딸]
　　　　아침-밥[아침빱]　　잠-자리[잠짜리]　　강-가[강까]　　　　초승-달[초승딸]
　　　　등-불[등뿔]　　　　창-살[창쌀]　　　　강-줄기[강쭐기]

제7장 음의 첨가

제29항 합성어 및 파생어에서, 앞 단어나 접두사의 끝이 자음이고 뒤 단어나 접미사의 첫음절
이 '이, 야, 여, 요, 유'인 경우에는, 'ㄴ' 음을 첨가하여 [니, 냐, 녀, 뇨, 뉴]로 발음한다.

솜-이불[솜 : 니불]	홑-이불[혼니불]	막-일[망닐]
삯-일[상닐]	맨-입[맨닙]	꽃-잎[꼰닙]
내복-약[내 : 봉냑]	한-여름[한녀름]	남존-여비[남존녀비]
신-여성[신녀성]	색-연필[생년필]	직행-열차[지캥녈차]
늑막-염[능망념]	콩-엿[콩녇]	담-요[담 : 뇨]
눈-요기[눈뇨기]	영업-용[영엄뇽]	식용-유[시굥뉴]
국민-윤리[궁민뉼리]	밤-윷[밤 : 눋]	

다만, 다음과 같은 말들은 'ㄴ' 음을 첨가하여 발음하되, 표기대로 발음할 수 있다.

이죽-이죽[이중니죽/이주기죽]	야금-야금[야금냐금/야그먀금]
검열[검 : 녈/거 : 멸]	욜랑-욜랑[욜랑뇰랑/욜랑욜랑]
금융[금늉/그뮹]	

[붙임 1] 'ㄹ' 받침 뒤에 첨가되는 'ㄴ' 음은 [ㄹ]로 발음한다.

들-일[들 : 릴]	솔-잎[솔립]	설-익다[설릭따]
물-약[물략]	불-여우[불려우]	서울-역[서울력]
물-엿[물렫]	휘발-유[휘발류]	유들-유들[유들류들]

[붙임 2] 두 단어를 이어서 한 마디로 발음하는 경우에도 이에 준한다.

한 일[한닐]	옷 입다[온닙따]	서른여섯[서른녀섣]
3 연대[삼년대]	먹은 엿[머근녇]	
할 일[할릴]	잘 입다[잘립따]	스물여섯[스물려섣]
1 연대[일련대]	먹을 엿[머글렫]	

다만, 다음과 같은 단어에서는 'ㄴ(ㄹ)' 음을 첨가하여 발음하지 않는다.

    6·25[유기오]   3·1절[사밀쩔]   송별-연[송 : 벼련]   등-용문[등용문]

제30항 사이시옷이 붙은 단어는 다음과 같이 발음한다.

1. 'ㄱ, ㄷ, ㅂ, ㅅ, ㅈ'으로 시작하는 단어 앞에 사이시옷이 올 때는 이들 자음만을 된소리로 발

음하는 것을 원칙으로 하되, 사이시옷을 [ㄷ]으로 발음하는 것도 허용한다.

    냇가[내 : 까/낻 : 까]   샛길[새 : 낄/샏 : 낄]   빨랫돌[빨래똘/빨랟똘]

    콧등[코뜽/콛뜽]   깃발[기빨/긷빨]   대팻밥[대 : 패빱/대 : 팯빱]

    햇살[해쌀/핻쌀]   뱃속[배쏙/밷쏙]   뱃전[배쩐/밷쩐]

    고갯짓[고개찓/고갣찓]

2. 사이시옷 뒤에 'ㄴ, ㅁ'이 결합되는 경우에는 [ㄴ]으로 발음한다.

    콧날[콛날→콘날]   아랫니[아랟니→아랜니]

    툇마루[퇻 : 마루→퇸 : 마루]   뱃머리[밷머리→밴머리]

3. 사이시옷 뒤에 '이' 음이 결합되는 경우에는 [ㄴㄴ]으로 발음한다.

    베갯잇[베갣닏→베갠닏]   깻잎[깯닙→깬닙]

    나뭇잎[나묻닙→나문닙]   도리깻열[도리깯녈→도리깬녈]

    뒷윷[뒫 : 뉻→뒨 : 뉻]

1 혼동하기 쉬운 표준어 발음법을 조사하여 발표하고 토의해 보자.

2 각자의 말하기에서 표준어와 사투리, 비어, 은어 등을 쓰는 비율을 따져보고 그것이 다른 사람에게 주는 인상에 대하여 서로 말해 보자.

3 공인의 자리에서 표준어와 그 발음법을 잘 구사해야 하는 이유에 대해서 비판적으로 말해 보자.

<u>**4**</u> 다음 문장들을 올바른 한국어 발음법으로 읽어 보자.

(1) 너의 아버님께서 댁에 계시니?

(2) 잔디를 밟지 마세요.

(3) 읽은 책과 읽고 있는 책을 구별하여 놓아라.

(4) 그날 모임에는 수많은 사람들이 참가했어요.

(5) 어제 박 선생님의 송별연에 참석했습니다.

(6) 이것은 값이 너무 비싸다.

(7) 넓둥근 모자를 썼어요.

(8) 오랜만에 하늘이 맑게 개었다.

(9) 그늘에서 소년이 시를 읊고 있었다.

(10) 흙과 함께 하는 늙은 농부의 삶이 애처롭다.

참고 문헌

김규현·서경희(1992), 「대화조직 상의 성별 차이: 평가와 이해 확인을 중심으로」, 『사회언어학』 4-2.

김인자 역(1982), 『인간 관계와 자기 표현』, 한국심리상담연구소.

김재원(2001), 「말의 상처에 대하여」, 『사회언언학』 9-1.

김종택·남성우(1988), 『국어의미론』, 한국방송통신대학출판부.

박갑수 외(1996), 『고등학교 화법』, 한샘 출판.

박용익(1998), 『대화 분석론』, 한국 문화사.

손춘섭 외(2003), 「교수사회의 대우법 사용 양상에 대한 연구」, 『사회언어학』 11-1.

송영주 역(1993), 『담화 분석』, 한국 문화사.

이민정 (1995), 『이 시대를 사는 부모들의 이야기』, 김영사.

이시형(1992), 『대인공포증의 치료』, 집현전.

이주행 외(2001), 『삶을 함께하는 국어 화법』, 동인.

이희승·안병희(1994), 『고친판 한글맞춤법 강의』, 신구문화사.

임영환 외(1996), 『화법의 이론과 실제』, 집문당.

임칠성 역(1995), 『대인 관계와 의사소통』, 집문당.

임칠성 외(2000), 『삶과 화법』, 박이정.

전영우(2003), 『화법 개설』, 역락.

전영우·박태상(1985), 『국어 화법』, 한국방송대학출판부.

조선일보사·국립국어연구원 편(1996), 『우리말의 예절 상·하』, 조선일보사.

우재현(2010), 『임상교류분석 프로그램』, 정암서원.

우재현(2011), 『심성개발을 위한 교류분석 프로그램』, 정암서원.

최영일(2012), 『교류분석 강의지침서 Ⅰ,Ⅱ』 한국교류분석상담협회.

이상원 역(2013), 『적을 만들지 않는 대화법, 샘 혼』, 도서출판 갈매나무.

우문식·박선령 역(2012), 『어떻게 인생 목표를 이룰까?』, 도서출판 물푸레.

문용린(2011), 『문용린 교수의 정서지능 강의』, 북스넛.

홍경자 역(2008), 『현대의 적극적 부모역할 훈련』, 중앙적성출판사.

김명자 외(2007), 『아는 만큼 행복한 결혼, 건강한 가족』, 숙명여자대학교.

정현숙·유계숙(2001), 『가족 관계』, 도서출판 신정.

가족 성장 아카데미(2009), 『교육개발』 13, 중앙건강가정지원센터.

곽경숙·손춘섭(2013), 『삶을 바꾸는 글쓰기』, 역락.

국립국어원(2001), 『외래어 발음 실태 조사』, 연구보고서.

국립국어원(2007), 『한국 어문 규정집』, 국립국어원.

김광해(1993), 『국어 어휘론 개설』, 집문당.

박종갑(2003), 『토론식 강의를 위한 국어의미론』, 도서출판 박이정.

배주채(1999), 한글전용시대의 한자, 『한국어와 한국문화』, 새문사.

서상준(1997), 『현대국어의 상대 높임법』, 전남대 출판부.

서상준·손춘섭·양영희(2012), 『국어의 이해와 탐구』, 역락.

성지기(2000), 『생활 속의 맞춤법 이야기』, 역락.

안병희(2007), 『훈민정음연구』, 서울대학교 출판부.

왕문용·민현식(1993), 『국어문법론의 이해』, 개문사.

윤평현(1989), 『국어의 접속어미 연구』, 한신문화사.

이관규(2002), 『개정판 학교문법론』, 월인.

이규호(2010), 『학교문법』, 한국외국어대학교 출판부.

이기문(1998), 『신정판 국어사개설』, 태학사.

이돈주(1992), 『한자학총론(전정증보판)』, 박영사.

이숭녕(1975), 『중세국어 문법』, 을유문화사.

이익섭(1994), 『사회 언어학』, 민음사.

이익환(2000), 『영어의미론』, 한국문화사.

임지룡(1997), 『인지의미론』, 탑출판사.

허웅(1983), 『국어학—우리말의 오늘 어제』, 샘문화사.

허웅(1985), 『국어 음운학』, 샘문화사.

Dubois, B. L. and Crouch, I. (1975). The question of tag questions in women's speech: They don't really use more of them, do they? *Language in Society 4:* 289-94.

Fasold, R. (1990). *Sociolinguistics of Language*, Oxford & Cambridge: Basil Blackwell.

Fishman, P. (1980). Conversational insecurity. In H. Giles, W. P. Robinson, and P. M. Smith (eds.), *Language: Social Psychological Perspectives*, 89-101. Oxford: Pergamon.

Goodwin, C. and M. H. Goodwin. (1992). Assessments and the construction of context. In A. Duranti and C. Goodwin (eds.), *Rethinking Context*, 147-89. Cambridge University Press.

Grice, H. P.(1975). Logic and Conversation. In P. Cole(ed.)(1978). *Syntax and Semantics 9: Pragmatics.* New York: Academic Press.

Holmes, J. (1986). Compliments and compliment responses in New Zealand English. *Anthropological Linguistics* 28, 4: 485-508.

Lakoff, R. (1975). *Language and Women's Place*, New York: Harper and Row.

Leech, G. N.(1983). *Principle of Pragmatics*. London: Longman.

Rogers. C. R.(1961). *On Becoming a Person*. Boston: Houbghton Mofflin.

Seamands, D. A.(1993). *Healing for Damaged Emotions. Healing Your Heart Painful Emotions*. New York: Inspirational Press.

Tannen(1986). *That's not What I Meant!*. New York: Ballantine Boks.

Tannen(1990). *You Just Don't Understand: Men and Women in Conversation*. New York: Morrow.

Tannen, D. (1994). *Gender and Discourse*, New York. Oxford University Press.

West, C. and D. H. Zimmerman. (1983). Gender, language, and discourse. In T. A. van Dijk(ed.), *Handbook of Discourse Analysis Vol. 4: Discourse Analysis in Society*, 103−17. Rowley, MA: Newbury House.